SPAZIERGANG 1 ALTSTADT

Diese Tour führt durch Stare Miasto, die Altstadt. Von der zauberhaften Wawel-Burg geht es vorbei an jahrhundertealten Schätzen zum riesigen Hauptmarkt. In den kopfsteingepflasterten Straßen kann man sich an alten Kirchen, Universitätsgebäuden und Bürgerhäusern ergötzen. Zum Abschluss des Spaziergangs wartet ein großes Glas Bier in einem stimmungsvollen Kellercafé – wenn Sie es denn finden.

SPAZIERGANG 2 KAZIMIERZ

Die Fassaden im alten jüdischen Viertel bröckeln still vor sich hin und stehen in schrillem Kontrast zur Altstadt. Der enormen Beliebtheit von Kazimierz tut dies allerdings keinen Abbruch. Die Mischung aus jüdischer Tradition, katholischem Prunk, trendigen Läden und stimmungsvollen Cafés und Restaurants sorgt für ein einzigartiges Flair, das Krakauer ebenso wie Touristen magisch anzieht.

SPAZIERGANG 3 PODGÓRZE

Die bedeutendste Sehenswürdigkeit dieses Viertels ist die einstige Emaillewarenfabrik von Oskar Schindler. Heute ist dort ein imposantes Museum angesiedelt, das die furchtbaren Kriegsjahre im ehemaligen jüdischen Ghetto veranschaulicht. Doch Podgórze mit seinen Grünanlagen, Traditionsgeschäften, imposanten Baudenkmälern und beliebten Cafés hat noch viel mehr zu bieten. Nirgendwo sonst ist Krakau so in Bewegung wie hier.

W0300226

100% KRAKAU

In Krakau gibt es so viel zu erleben – doch wo fängt man am besten an? Natürlich möchte man die zauberhafte Wawel-Burg erkunden, Straßenmusik und Getränke mit unaussprechlichen Namen genießen, durch stille Gassen schlendern und die vielen Sehenswürdigkeiten bewundern. Vergessen Sie das jüdische Viertel Kazimierz nicht und besuchen Sie auch den aufstrebenden Stadtteil Podgórze mit dem einstigen Ghetto. 100% Krakau zeigt Ihnen, was Sie auf keinen Fall verpassen sollten. Sightseeing & Shopping, Ausgehen & Abenteuer – die übersichtlichen Stadtpläne weisen Ihnen den Weg.

Inhalt

100% übersichtlich

Erleben Sie Krakaus schönste Viertel auf drei Spaziergängen. Jeder der Spaziergänge wird in einem eigenen Kapitel beschrieben, an dessen Ende Sie eine detaillierte Stadtteilkarte mit dem Routenverlauf finden. Auf der Karte in der vorderen Umschlagklappe erhalten Sie einen Überblick über die Lage der jeweiligen Stadtteile. Zusätzlich haben wir dort, markiert mit den Buchstaben Ⓐ bis Ⓘ, weitere Highlights aufgeführt, die außerhalb der Spaziergänge liegen.

In den drei Spaziergangskapiteln erfahren Sie, welche Sehenswürdigkeiten Sie entdecken können und wo man gut essen, trinken, shoppen, feiern und relaxen kann. Jede Adresse ist mit einer Nummer ① gekennzeichnet, die Sie im Stadtteilplan am Ende des jeweiligen Kapitels wiederfinden. An der Farbgebung der Nummer erkennen Sie, zu welcher Kategorie die jeweilige Adresse gehört:

● Sehenswürdigkeiten	● Shoppen
● Essen & Trinken	● Krakau live

DREI SPAZIERGÄNGE

Jeder Spaziergang dauert – ohne Besuch der genannten Adresse – etwa drei Stunden. Die Länge der Strecke (in km) finden Sie über der Wegbeschreibung und auf den einzelnen Stadtteilplänen sehen Sie den genauen Verlauf der Route. Die Beschreibung neben dem Stadtplan führt Sie entlang der Sehenswürdigkeiten zu den schönsten Adressen. So entdecken Sie fast nebenbei die besten Shopping-Gelegenheiten, die nettesten Restaurants und die angesagtesten Cafés und Bars. Wer irgendwann keine Lust mehr hat, der Route zu folgen, kann mithilfe der ausführlichen Tipps und Pläne auch wunderbar auf eigene Faust losziehen.

PREISANGABEN BEI CAFÉS UND RESTAURANTS

Um Ihnen eine Vorstellung von den Preisen in den Cafés und Restaurants zu geben, finden Sie bei diesen Adressen auch Preise. Die Angaben bei den Restaurants nennen – wenn nicht anders verzeichnet – den Durchschnittspreis eines Hauptgerichts in polnischen Zloty. Ein Euro entspricht ungefähr 4 Zloty. Bei Cafés ist dies der Preis für ein Sandwich oder eine kleine Mahlzeit.

KRAKAUER (ESS-)GEWOHNHEITEN

Polnische Bäcker sind Meister ihres Fachs und backen köstliche Brote. Meistens sind diese Bestandteil des Standardfrühstücks, das sonst aus diversem Brotbelag sowie Haferbrei und/oder Eiern besteht. Wichtigste Mahlzeit der Polen ist seit jeher das Mittagessen. Daher unterscheiden viele Restaurants nicht zwischen Mittags- und Abendkarte. Natürlich gibt es auch Lokale mit speziellen Mittagsangeboten: meist Zwei- oder Drei-Gänge-Menüs, die oft vergleichsweise preisgünstig sind. Traditionell schließen die Polen ein gutes Essen mit einem verdauungsfördernden Wodka ab.

Wenn Sie als Anerkennung für die freundliche Bedienung Trinkgeld geben möchten, wird das sehr geschätzt. Pflicht ist es jedoch nicht. Runden Sie einfach den Endbetrag nach oben auf oder schlagen Sie zehn Prozent auf die Rechnungssumme. Vermeiden Sie es, beim Bezahlen der Rechnung bereits "Danke" zu sagen, denn dann wird das Wechselgeld als Trinkgeld angesehen. Zahlen Sie zuerst und hinterlassen Sie das Trinkgeld dann am Tisch.

GESCHÄFTE UND MÄRKTE

Wer in der Altstadt Krakaus internationale Ketten erwartet, wird glücklicherweise enttäuscht – es gibt fast nur kleine, unabhängige Läden mit Schmuck, Wohnaccessoires, Kunst, Vintage und vielem mehr. Wenn Sie die Neugier auf die Trends der internationalen Marken gepackt hat, dann besuchen Sie eines der großen Einkaufszentren neben dem Hauptbahnhof und in Kazimierz.

Dort, wo die Touristenattraktionen liegen, wie zum Beispiel in der Altstadt, sind viele Läden jeden Tag geöffnet. Kleinere Läden, Geschäfte außerhalb der Altstadt und die meisten Märkte schließen jedoch samstags um 15 Uhr und öffnen erst wieder am Montag.

FESTIVALS UND EVENTS

Krakau gilt als die Kulturhauptstadt Polens – und das zu Recht. Vor allem in der Zeit zwischen Mai und Oktober finden zahlreiche Festivals und andere Veranstaltungen statt. Mehr dazu auf *www.krakau.travel/ereignisse*.

OffPlusCamera (*www.offpluscamera.com*)
Im Rahmen des Filmfestivals Off Plus Camera zeigen diverse Kinos im Mai die neuesten und besten unabhängigen Filme aus dem In- und Ausland.

Festival des Hoftanzes (*www.cracoviadanza.pl/de,festiwal*)
Neben Tanzvorstellungen finden während dieses Festivals im August zahlreiche Workshops statt, in denen man den historischen Hoftanz erlernen kann.

Sommer Jazz Festival (*www.cracjazz.com/eng*)
Im ganzen Monat Juli ertönt überall in der Altstadt Jazzmusik. Bei diesem Festival geben sich zahlreiche internationale Jazzgrößen die Ehre.

Unsound (*www.unsound.pl*)
An acht Oktobertagen treffen Tanzmusik und visuelle Kunst aufeinander. Ein Event mit zahlreichen Partys, Lesungen und Filmen.

Jüdisches Kulturfestival (*www.jewishfestival.pl*)
In den Monaten Juni und Juli kann man in ganz Kazimierz eine Woche lang koscher kochen, malen, tanzen, jüdischer Musik lauschen und Lesungen miterleben. Das ausführliche Programm finden Sie auf der (polnischen) Website. Buchen Sie frühzeitig.

Am Kleinen Markt (Mały Rynek) neben dem Hauptmarkt findet zweimal im Monat ein kulinarischer Markt statt, bei dem man an langen Tischen polnisches Essen und heimische Weine probieren kann.

GESETZLICHE FEIERTAGE

Polen kennt zwar zahlreiche Feiertage, nur wenige aber sind arbeitsfrei. Religiöse Feiertage sind fast immer Ruhetage, an denen oft eine Prozession stattfindet. Da dies katholische Feiertage sind, sind es meist die auch bei uns geltenden Feiertage. Neben Karfreitag, dem 25. und 26. Dezember, Neujahr, Ostern, Christi Himmelfahrt, Fronleichnam und Pfingsten gibt es noch folgende offizielle Feiertage in Krakau:

6. Januar > Heilige Drei Könige
1. Mai > Nationalfeiertag
3. Mai > Verfassungstag
15. August > Mariä Himmelfahrt
1. November > Allerheiligen
11. November > Unabhängigkeitstag

HABEN SIE NOCH TIPPS?

Wir haben diesen Reiseführer mit großer Sorgfalt zusammengestellt. Keine der Adressen hat für ihre Erwähnung oder das Foto bezahlt. Alle Texte wurden von einer unabhängigen Redaktion geschrieben. Das Angebot an Geschäften und Restaurants in Krakau wechselt regelmäßig. Sollten Sie eine Adresse nicht mehr antreffen oder andere Anmerkungen oder Tipps zu diesem Guide haben, schreiben Sie uns gerne an *info@momedia.com* oder besuchen unsere Facebook-Seite *facebook.com/100travel.*

Unterwegs

ANREISE

Krakau wird täglich von diversen deutschen Großflughäfen aus angeflogen. Vom **Airport Krakau-Balice** erreichen Sie die Altstadt gut mit öffentlichen Verkehrsmitteln. Der **Linienbus** wartet direkt am Haupteingang und bringt Sie für nur einen Euro zum Hauptbahnhof (Dworzec Główny). Die Fahrt mit dem **Zug** zum Hauptbahnhof dauert 20 Minuten und kostet drei bis vier Euro. Mit 20 Euro ist das **Taxi** die teuerste Alternative, dafür bringt es Sie auch bis zum Hotel.

Es gibt auch Verbindungen zwischen einigen deutschen Flughäfen und **Kattowitz** (Katowice), etwa 80 Kilometer westlich von Krakau. Von hier bringt ein Taxi Sie in 90 Minuten und für 85 Euro (einfache Fahrt) in die Krakauer Altstadt. Deutlich billiger ist der **Pendelbus**, mit dem Sie in etwa zwei Stunden und für circa zwölf Euro zum Krakauer Hauptbahnhof gelangen.

ÖFFENTLICHE VERKEHRSMITTEL

An schönen Tagen ist es ein Genuss, die Spaziergänge nur zu Fuß zurückzulegen. An Regentagen oder zum Überbrücken längerer Abschnitte empfiehlt sich die Nutzung von Taxi, Bus oder Straßenbahn. Auf *www.jakdojade.pl* (auf Kraków klicken) können Sie sich über Fahrpläne und Linien informieren. Fahrkarten gibt es direkt an Automaten in **Bus** oder **Straßenbahn** (nur Münzen). Die drei Spaziergänge dieses Guides liegen in der Zone "Strefa I", wofür in der Regel eine Fahrkarte für 20 Minuten (80 Cent) ausreicht. Die meisten Busse und Straßenbahnen verkehren zwischen 6 und 23.30 Uhr, danach fahren einige **Nachtbusse** und **-Straßenbahnen**.

TAXI

Eine Taxifahrt kostet etwa 60 Cent pro Kilometer, der Grundpreis beträgt zwei Euro. Achten Sie darauf, dass der Fahrer den Taxameter einschaltet, oder vereinbaren Sie den Preis im Voraus. Sie können ein Taxi auf der Straße anhalten oder an einem der Taxistandplätze – meist an belebten Plätzen – zusteigen. Reservieren ist auch eine Alternative; die Rezeption Ihres Hotels ist Ihnen dabei bestimmt behilflich. Radio Taxi 919 gilt als zuverlässiges Taxiunternehmen, Tel. 0048 1241 90000.

ANDERE MÖGLICHKEITEN

In Krakau werden auch Rundfahrten mit Pferdekutschen oder -schlitten, Golfwagen oder Hop-on-hop-off-Bussen angeboten. Noch reizvoller ist es, die Stadt mit dem Rad oder per **Schiff** zu erkunden (siehe S. 11). Wollen Sie die Umgebung kennenlernen oder in die Berge fahren, empfiehlt es sich, ein **Auto** zu mieten. In der Stadt selbst ist ein Auto allerdings nicht sinnvoll, die Altstadt ist sogar teils autofrei.

Krakau mit dem Rad

In Krakau wird das Radfahren immer beliebter. Die meisten Radfahrer kommen aus den Außenbezirken und fahren mit dem Rad in die Altstadt. Kein Wunder, denn die Zugangsstraßen ins Zentrum sind oft überfüllt. In der Altstadt ist **Radfahren** jedoch kein großes Vergnügen: Radwege gibt es kaum und viele Autofahrer reagieren aggressiv oder irritiert. Fahren auf dem Gehsteig, der Domäne der Fußgänger, wird zwar oft geduldet, ist aber verboten. Und das Klingeln beim Überholen sollte man besser bleiben lassen.

Die polnische Polizei ist ziemlich streng und führt regelmäßig Alkoholkontrollen durch. Auch Radfahrer können zum "Blasen" aufgefordert werden und den Führerschein verlieren, wenn sie mehr als 0,2 ‰ getrunken haben. Krakauer schieben in solchen Fällen ihr Rad oder vermeiden ein Bußgeld, indem Sie entsprechend wenig trinken.

Um die Stadt abseits des Zentrums zu erforschen, ist das Fahrrad eine gute Alternative. An der Weichsel zwischen Kazimierz und Podgórze lässt es sich wunderbar entlangfahren. In westlicher Richtung liegt eines der ältesten Klöster Polens (siehe S. 52), jenseits des Flusses ein weiteres interessantes Ziel: der Zoo.

An immer mehr Stellen in Krakau werden **Fahrräder vermietet**. Eine gute Wahl ist Dwa Kola (siehe S. 52) oder *www.cruisingkrakow.com*. Beide verlangen pro Rad etwa fünf Euro für vier Stunden. Wenn Sie in einer Gruppe unterwegs sind oder das Fahrrad für mehrere Tage mieten möchten, empfiehlt es sich, über den Preis zu verhandeln. In der Altstadt sind auch regelmäßig Räder von KMKbike zu sehen. Diese stehen in speziellen Fahrradständern und können mit einer Kreditkarte "entsperrt" werden. Einziges Manko: Die Räder haben kein Schloss.

Restaurants

TOP 10

1 Bei **Chata** ganz ursprünglich essen **>** S. 29

2 Es war einmal in Kazimierz: **Dawno Temu na Kazimierzu >** S. 46

3 Hier treffen sich die Krakauer: im **Warsztat >** S. 47

4 Im **Pod Norenami** fleischlos speisen **>** S. 27

5 Bei **Pierożki u Vincenta** aus 28 verschiedenen Piroggen auswählen **>** S. 42

6 Im überdachten Garten des **Chimera** köstliche Salate und vieles mehr kosten **>** S. 28

7 Im jüdischen Restaurant **Hamsa** Mezze probieren **>** S. 44

8 Vornehm tafeln im stimmungsvollen **Pod Aniołami >** S. 25

9 **Ambasada Śledzia**: Wodka trinken und Hering essen **>** Stolarska 8/10, Altstadt

10 Die Milchbar **Gornik**: kommunistisch und spottbillig **>** Czysta 1, Altstadt

Sonntags

1 Bei **Karma Coffee Roasters** mit frisch geröstetem Kaffee in den Tag starten **>** S. 25

2 Ob Kerzenleuchter, Möbel oder Trödel, der **Flohmarkt von Hala Targowa** hat alles **>** Grzegórzecka 3

3 Ausgiebig frühstücken bei **Camelot >** Świętego Tomasza 17

4 Die märchenhafte **Wawel-Burg** besichtigen **>** S. 19

5 In der **Fronleichnamskirche** eine Messe miterleben **>** S. 52

6 Eine Schiffahrt zur alten **Tyniec-Abtei** unternehmen **>** S. 52

7 Für ein fürstliches Mittagessen mit Wein ideal: **Gessler we Francuskim >** S. 28

8 Krakau aus dem Heißluftballon von **Balon Widokowy** betrachten **>** S. 73

9 Dem **Nationalmuseum** einen Besuch abstatten **>** S. 82

10 **BARKA** food.life.music: Auf einem Schiff einen Drink mit Aussicht genießen **>** Bulwar Kurlandzki, Kazimierz

(Gewölbe-) Bars

TOP 10

1 **Alchemia** ist der absolute Renner in Kazimierz > S. 47

2 Geschichtsträchtiges Café: **Piwnica Pod Baranami** > S. 27

3 Im **Eszeweria** einen gemütlichen Abend verbringen > S. 42

4 **Singer**, die älteste Bar von Kazimierz > Izaaka 1

5 Ob drinnen oder draußen, bei **Bunkier Sztuki** brennen immer Kerzen > S. 27

6 Intim und klein: **Mleczarnia** > Rabina Bera Meiselsa 20, Kazimierz

7 Entspannter Hipsterhorror im **Antycafé** > Sławkowska 12, Altstadt

8 Café mit Jazz- und Cocktailbar: **Drukarnia** > S. 64

9 **Święta Krowa**: etwas versteckt im lebhaften Floriańska > Floriańska 16

10 Zum Kaffeetrinken ins **Cafe Rękawka** > S. 66

TOP 10

Natur

1 Der **Nationalpark Ojców**: Natur pur unweit von Krakau **>** S. 81

2 In der **Hohen Tatra** wandern oder Ski fahren **>** S. 80

3 An der **Weichsel** entlangwandern oder Rad fahren **>** S. 11

4 Im **Zoo von Krakau** wilde Tiere beobachten **>** S. 80

5 **Esplanadenring**: ein Park, wo einst die Stadtmauer stand **>** S. 32

6 Der hügelige Wald **Las Wolski**: zu jeder Jahreszeit schön **>** Las Wolski

7 Der preisgekrönte **Wojciech-Bednarski-Park** liegt in einem einstigen Steinbruch **>** S. 73

8 Sonnig wandern lässt es sich im **Park Jordana >** Aleja 3 Maja

9 Im **Botanischen Garten** die Ruhe genießen **>** Mikołaja Kopernika 27

10 Ein Muss für Aktive: die große Grünanlage **Błonia >** Aleja Marszałka Ferdynanda Focha

CAMELOT

Altstadt

1

Stare Miasto, die Altstadt, die sich von der Wawel-Anhöhe nach Norden erstreckt, zeugt von der reichen Geschichte Krakaus und Polens. Krakau gehört zu den wenigen Städten, die den Zweiten Weltkrieg nahezu unbeschadet überstanden haben. Überall blickt man auf Zeugnisse der jahrhundertealten Geschichte, viele Gebäude wurden liebevoll renoviert und erstrahlen in altem Glanz. Kein Wunder, dass die Altstadt Touristen aus aller Welt in Scharen anzieht.

Seinen Ursprung hat Krakau im späten Frühmittelalter. Als der Drache, der, so die Legende, unter der **Wawel-Anhöhe** hauste, besiegt war, ließ der König hier eine Burg errichten. An einer Flussbiegung gelegen, war sie jahrhundertelang die Residenz polnischer Könige. Heute gilt sie als die größte Attraktion der Stadt. Da, wo die Altstadt einst von einer schützenden Stadtmauer umgeben war, befindet sich heute die Grünanlage **Esplanadenring** (Planty), die zu jeder Jahreszeit zum Spazierengehen einlädt.

Das Herz der Altstadt ist der **Hauptmarkt** (Rynek Główny), der größte mittelalterliche Marktplatz Europas. Hier findet man neben zahllosen Straßencafés prachtvolle historische Gebäude wie die **Tuchhallen** und die **Marienkirche**. Vom höheren der beiden Türme ertönt jede Stunde das bekannte Turmbläsersignal.

Wer den Esplanadenring überquert und die Altstadt verlässt, begegnet kaum noch Touristen – hier sind die Krakauer wieder unter sich. Am **Stary-Kleparz-Markt** kaufen die Einwohner ihren täglichen Bedarf und in der Ulica **Karmelicka** bevölkern junge, mit Laptops ausgerüstete Krakauer die Cafés.

NUR KURZ HIER? DIESE HIGHLIGHTS DÜRFEN SIE NICHT VERPASSEN:

+ WAWEL-BURG + ESPLANADENRING + HAUPTMARKT
+ RYNEK UNDERGROUND + WÓDKA BAR

ÜBER DIESEN SPAZIERGANG

Startpunkt dieses Spaziergangs ist die Wawel-Burg. Am besten Eintrittskarten schon im Voraus kaufen und ausreichend Zeit mitbringen, wenn Sie die Burg besichtigen möchten. Der Spaziergang führt Sie durch die sehr touristische Altstadt, aber auch durch stille Gassen und zum Esplanadenring. Wer das Markttreiben erleben will, sollte den Spaziergang in umgekehrter Richtung zurücklegen.

+ EIN MUSS, WENN MAN DIE MEISTEN HIGHLIGHTS SEHEN WILL
+ SONN- UND MONTAGS SIND LÄDEN UND MUSEEN LÄNGER OFFEN
+ DIE ALTSTADT LÄSST SICH AM BESTEN ZU FUSS ERKUNDEN

Sehenswürdigkeiten

(1) Nachdem der blutrünstige Drache der Wawel-Anhöhe besiegt war, ließ König Krak eine Burg errichten, die sich sukzessive zur prachtvollen **Wawel-Burg** entwickelte – so die Legende. Die gotische Anlage im Herzen der Stadt besteht aus einem Burghof, der von mehreren Gebäuden und Türmen umschlossen ist. Zwischen der Fertigstellung im 14. Jahrhundert und dem 17. Jahrhundert residierte hier die Königsfamilie. Nach mehrmaligen Eroberungen verwahrloste die Burg, bis sie im 20. Jahrhundert restauriert wurde und seitdem als Museum dient. Es werden fünf verschiedene Führungen angeboten, unter anderem durch die Privaträume oder zu den Kronjuwelen.
wawel 5, www.wawel.krakow.pl, telefon: 12 4225155, geöffnet: nov.-apr. di-sa 9.30-16.00 & so 10.00-16.00, mai-okt. di-fr 9.30-17.00 & sa-so 10.00-17.00, führung: ab 16 zł, straßenbahn. 6, 8, 10, 13 wawel

(2) Der Innenhof der Wawel-Burg beherbergt ein imposantes Bauwerk mit einem goldenen Dach, die **Kathedrale St. Stanislaus und Wenzel**. Die aus dem 14. Jahrhundert stammende Kirche ist bereits die dritte, die an dieser Stelle errichtet wurde. Die ersten beiden fielen einem Eroberer bzw. einem Brand zum Opfer. Wer das prachtvolle Interieur besichtigen will, kann einfach hineingehen. Für die Krypta, in der einige polnische Könige ihre letzte Ruhestätte gefunden haben, wird Eintritt verlangt.
wawel 3, www.katedra-wawelska.pl, telefon: 12 4293327, geöffnet: siehe website, eintritt: frei, straßenbahn: 6, 8, 10, 13 wawel

(3) Im frühen 17. Jahrhundert nach italienischem Vorbild errichtet, ist die große **Peter-und-Paul-Kirche** das erste barocke Gebäude in Krakau. Eine Besonderheit sind neben der prächtigen Fassade die Statuen der Zwölf Apostel, die vor der Basilika aufgereiht stehen.
kanonicza 11, www.apostolowie.pl, geöffnet: apr.-okt. di-sa 9.00-17.00, nov.-märz di-sa 11.00-15.00 & so 13.30-17.30, eintritt: frei, straßenbahn: 1, 6, 8, 13, 18 plac wszystkich świętych

⑰ TUCHHALLEN

⑨ Jahrelang im großen Archiv des Nationalmuseums in Krakau gelagert, sind sie seit 2013 im **Europeum**, einem umgebauten Getreidespeicher aus dem 17. Jahrhundert, zu bewundern: zahllose Gemälde großer europäischer Meister wie zum Beispiel Breughel d. J. Für diese neue Abteilung des Nationalmuseums benötigen Sie eine eigene Eintrittskarte.
plac sikorskiego 6, www.mnk.pl/oddzial/osrodek-kultury-europejskiej-europeum, telefon: 12 4335760, geöffnet: di-sa 10.00-18.00 & so 10.00-16.00, eintritt: 9 zł, straßenbahn: 1, 2, 6 filharmonia

(16) Nachdem mongolische Soldaten Krakau im 13. Jahrhundert in Schutt und Asche gelegt hatten, machten die Überlebenden aus der Not eine Tugend. Beim Wiederaufbau wurden kerzengerade Straßen angelegt und ein gigantischer zentraler Platz geschaffen. Mit 40.000 Quadratmetern ist der **Hauptmarkt** (Rynek Główny) der größte mittelalterliche Platz Europas. Was damals als geräumiger Platz für Märkte vorgesehen war, ist heute in erster Linie ein pulsierender, von gemütlichen Terrassen, schönen Gebäuden und Straßenmusikanten geprägter Treffpunkt.
rynek główny, straßenbahn: 2, 8, 13, 18, 20 teatr bagatela

(17) Die am Hauptmarkt befindlichen **Tuchhallen** (Sukiennice) sind unübersehbar. Das Gebäude im Renaissancestil stammt aus dem 16. Jahrhundert und ersetzte eine gotische Halle, die einem Brand zum Opfer gefallen war. In den Hallen, die früher als Markthalle dienten, werden heute nur Souvenirs verkauft.
rynek główny 3, geöffnet: di-so 10.00-19.00, straßenbahn: 2, 8, 13, 18, 20 teatr bagatela

(18) Für die Menschenmassen am Hauptmarkt unsichtbar schlummert in fünf Metern Tiefe das mittelalterliche Krakau. Als der Platz wegen Ausgrabungen noch eine große Baustelle war, wurde 2010 das Museum **Rynek Underground** errichtet. Während Stimmen der Händler und Besucher eines Marktes aus früheren Zeiten ertönen, geht es über holprige Wege vorbei an einer Präsentation, die über 500 Jahre Stadtgeschichte vergegenwärtigt. Eintrittskarten sind an der Westseite der Tuchhallen erhältlich, ein Aufzug auf der anderen Seite bringt Sie in das unterirdische Museum.
rynek główny 1, www.mhk.pl/branches/rynek-underground, telefon: 12 4265060, geöffnet: mo, mi-so apr.-okt. 10.00-22.00 & di 10.00-16.00, nov.-märz 10.00-20.00 & di 10.00-16.00, eintritt: 19 zł, straßenbahn: 2, 8, 13, 18, 20 teatr bagatela

(19) Von dem mittelalterlichen, 1820 abgerissenen Vorgänger des Krakauer Rathauses blieb nur der 70 Meter hohe Turm erhalten. Der beherbergt heute ein Museum, in dem man alles über das alte Rathaus und die Stadtgeschichte erfahren kann. Sie können den **Rathausturm** zwar besteigen, die Aussicht aus dem kleinen Nordfenster ist allerdings etwas dürftig.
rynek główny 1, www.mhk.pl/branches/town-hall-tower, telefon: 12 4264334, geöffnet: täglich 10.30-17.00, eintritt: 7 zł, straßenbahn: 2, 8, 13, 18, 20 teatr bagatela

(22) Krakau ist eine alte Universitätsstadt. Die Jagiellonen-Universität wurde in der zweiten Hälfte des 14. Jahrhunderts gegründet und gehört somit zu den 40 ältesten Universitäten der Welt. Heutzutage liegen die meisten Gebäude der Hochschule außerhalb der Altstadt. Das **Collegium Maius**, in dem einst alles begann, können Sie hier allerdings noch immer besuchen. Im Gegensatz zur Führung ist der Zutritt zum Innenhof und zum Garten kostenlos.
jagiellońska 15, www.maius.uj.edu.pl, telefon: 12 6631307, geöffnet: mo, mi, fr-sa 10.00-14.20 & di, do 10.00-17.20, führung: 12 zł, straßenbahn: 2, 8, 13, 18, 20 teatr bagatela

(27) Eine der meistbesuchten Sehenswürdigkeiten Krakaus ist die **Marienkirche** mit dem berühmten Veit-Stoß-Altar. Der Legende nach soll im Jahr 1241 ein Soldat, der im höchsten Turm der Kirche Wache schob, einen Überfall der Tataren vereitelt haben, indem er die schlafende Bevölkerung mit seiner Trompete alarmierte. Noch während er blies, traf ihn ein Pfeil tödlich. Seitdem bläst ein Feuerwehrmann auf diesem Turm stündlich die Melodie und endet genauso abrupt wie einst der Soldat.
plac mariacki 5, www.mariacki.com, telefon: 12 4220521, geöffnet: mo-sa 11.30-18.00 & so 14.00-18.00, eintritt: 10 zł, straßenbahn: 3, 10, 19, 24 poczta główna

(31) Die kleine Schwester der Pariser Oper hat die Gemüter schon vor ihrem Bau heftig bewegt. Viele Krakauer ließen ihrer Wut freien Lauf, als bekannt wurde, dass eine mittelalterliche Kirche einem Theater weichen sollte. Heute ist das 1893 eröffnete **Juliusz-Słowacki-Theater** eine Perle, auf die Krakau stolz ist. Opern werden keine mehr aufgeführt, Führungen gibt es auch nicht. Deshalb lässt sich das prachtvolle Gebäude nur im Rahmen einer (polnischen) Theateraufführung von innen bewundern.
plac świętego ducha 1, www.slowacki.krakow.pl, telefon: 12 4244500, öffnungszeiten und preise siehe website, straßenbahn: 2, 4, 7, 10 dworzec główny

(33) Um die Stadt zu betreten, mussten Besucher einst die streng bewachte runde **Barbakane** überwinden, ein Verteidigungswerk, das über eine Zugbrücke mit der Stadt verbunden war. Drei Meter dicke Mauern und 130 Schießscharten machten die Barbakane nahezu uneinnehmbar. Von den mittelalterlichen Verteidigungsanlagen sind nur der Turm und die Stadtmauer übrig geblieben.
basztowa, www.mhk.pl/branches/barbican, telefon: 12 4229877, geöffnet: apr.-okt. täglich 10.30-17.00, eintritt: 8 zł, straßenbahn: 7, 8, 19 basztowa lot

BARBAKANE ㉝

㉟ Im Laufe der Jahrhunderte wurde Polen unzählige Male angegriffen, erobert und von fremden Herrschern regiert. Das eine Mal, dass Polen aus einer Schlacht als Sieger hervorging, haftet daher umso mehr im kollektiven Gedächtnis. Das **Grunwald-Denkmal** zeigt den siegreichen König Władysław Jagiełło II. hoch zu Ross während der Schlacht bei Grunwald im Jahr 1410 zwischen seinem Heer aus polnischen und litauischen Soldaten und deutschen Kreuzrittern.
plac jana matejki, straßenbahn: 7, 8, 19 basztowa lot

8

8

8

Essen & Trinken

(4) Krakau ist ein Eldorado für Feinschmecker. Schick essen kann man zum Beispiel im **Pod Aniołami**. Das Lokal liegt zwar an einer touristischen Straße, aber davon merkt man drinnen nichts. Im stimmungsvollen Souterrainrestaurant werden köstliche Gerichte gereicht wie zum Beispiel Gans oder Forelle. Das mittelalterlich anmutende Interieur mit viel Holz und sichtbarem Mauerwerk verströmt ein romantisches Ambiente.
grodzka 35, www.podaniolami.pl, telefon: 12 4213999, geöffnet: täglich 13.00-0.00, preis: 50 zł, straßenbahn: 1, 6, 8, 13, 18 plac wszystkich świętych

(8) Wer in entspannter Atmosphäre Kaffee mit Kuchen genießen möchte, sollte bei **Massolit Books & Cafe** vorbeischauen. In diesem Buchladen mit Café am Rand der Altstadt treffen sich Krakauer und Touristen gleichermaßen, um in Büchern zu schmökern oder sich zu unterhalten. Im vorderen Bereich warten neue wie gebrauchte Bücher, im hinteren Teil befindet sich das Café. Genießen können Sie den Kaffee links in wohnzimmerähnlichen Räumen oder rechts in einem Raum mit noch mehr Büchern und Sitzgelegenheiten.
felicjanek 4, www.massolit.com, telefon: 12 4324150, geöffnet: so-do 10.00-20.00 & fr-sa 10.00-21.00, preis: kaffee 5 zł, straßenbahn: 1, 2, 6 filharmonia

(10) Schon im schmalen Durchgang, der zum **Meho Cafe** führt, spürt man nichts mehr von der Hektik der Altstadt. Bei schönem Wetter wartet hinter dem Lokal ein prachtvoller Garten, in den Kaiserin Sisi wunderbar gepasst hätte. Inmitten von Rosenbeeten werden mittags köstliche Panini und andere Snacks serviert, abends kann man für relativ wenig Geld gut speisen.
krupnicza 26, fb mehocafe, telefon: 60 0480049, geöffnet: täglich 09.00-22.00, preis: mittagessen 20 zł, straßenbahn: 2, 8, 13, 18, 20 teatr bagatela

(11) Die besseren Cafés der Stadt werden alle von **Karma Coffee Roasters** beliefert. Den aus frisch gerösteten Bohnen hergestellten Kaffee kann man allerdings auch im hauseigenen Café der Rösterei an der Ulica Krupnicza probieren. Das beliebte und moderne Lokal, in dem sich die Krakauer gerne mit ihrem Laptop niederlassen, bietet seinen Gästen zudem köstliche Kuchen und Torten.
krupnicza 12, fb karmaroasters, telefon: 50 6060684, geöffnet: mo-fr 08.00-20.00 & sa-so 10.00-20.00, preis: kaffee 7,5 zł, straßenbahn: 2, 8, 13, 18, 20 teatr bagatela

⑪ KARMA COFFEE ROASTERS

(12) Die Gerichte auf der umfangreichen Speisekarte von **Pod Norenami** haben eines gemein: Sie sind absolut fleischlos. Sogar jene mit "Huhn, Rind- oder Schweinefleisch" sind vegetarisch, und Gleiches gilt für die Sushis. Keine Lust auf Essen mit Fleischersatz? Dann probieren Sie doch einen köstlichen Salat, ein Curry oder die Bentobox.
krupnicza 6, www.podnorenami.pl, telefon: 66 1219289, geöffnet: so-do 10.00-22.00 & fr-sa 10.00-23.00, preis: 25 zł, straßenbahn: 2, 8, 13, 18, 20 teatr bagatela

(13) Es ist gerade sehr en vogue sein Café "Galerie" zu nennen, selbst wenn nur ein einziges Bild darin hängt. Zum Glück gibt es aber auch das **Bunkier Sztuki**, das von außen an einen Bunker erinnert und gute Wechselausstellungen zeigt, die bei Kunstfans sehr beliebt sind. Gleichermaßen begehrt ist die große überdachte Veranda am Esplanadenring, auf der man ganzjährig draußen sitzen kann.
plac szczepanski 3a, www.bunkier.art.pl, telefon: 12 4310585, geöffnet: täglich 09.00-02.00, preis: bier 9 zł, straßenbahn: 2, 8, 13, 18, 20 teatr bagatela

(14) Dank der offenen Küche kann man dem Küchenpersonal von **Trufla** sehr genau auf die Finger schauen. Zu verbergen gibt es hier jedoch nichts. Wer sich darüber wundert, dass in dem kleinen Lokal so viele Köche im Einsatz sind, sollte einen Blick in den hinteren Bereich werfen. Denn dort gibt es einen weiteren Speisesaal – einen Raum mit großen Fenstern, die sich zum Garten hin öffnen, in dem bei schönem Wetter auch gedeckt wird.
świętego tomasza 2, www.truflakrakow.pl, telefon: 12 4221641, geöffnet: mo-fr 09.00-23.00 & sa-so 10.00-23.00, preis: 30 zł, straßenbahn: 2, 8, 13, 18, 20 teatr bagatela

(20) Das Nachkriegspolen wurde bis 1989 kommunistisch regiert. Meinungsfreiheit war unerwünscht, politische Satire verpönt. Widerstand gegen die Diktatur und Zensur gab es dennoch vielerorts, zum Beispiel im **Piwnica pod Baranami**, in dem progressive Theatergruppen die Grenzen ihrer politischen Freiheit ausloteten. Heute befindet sich hier ein stimmungsvolles Kellercafé mit kleinen Tischen, alten Einrichtungsgegenständen und Plakaten an den Wänden, die an die Theatermacher jener Zeit erinnern.
rynek główny 27, www.piwnicapodbaranami.pl, telefon: 12 4220177, geöffnet: täglich 12.00-03.00, preis: bier 6 zł, straßenbahn: 2, 8, 13, 18, 20 teatr bagatela

(21) Wenn ein Krakauer Sie zum Mittagessen einlädt, ist die Wahrscheinlichkeit hoch, dass er die Salatbar **Chimera** vorschlägt. Die Bar ist nicht zuletzt wegen des ständig wechselnden Angebots sehr beliebt. Nehmen Sie einen Teller für vier oder sechs Gerichte und zeigen Sie der Bedienung an der Vitrine, worauf Sie Lust haben. Zur Auswahl stehen zum Beispiel Salate mit Dinkel und Kürbiskernen, Nudelsalate, Salate mit essbaren Blüten, Quiches, Kabeljau oder Obst.
świętej anny 3, www.chimera.com.pl, telefon: 12 4232178, geöffnet: täglich 09.30-22.00, preis: 13 zł, straßenbahn: 2, 8, 13, 18, 20 teatr bagatela

(24) Wer die knarzende Holztreppe des **Nowa Provincja** überwunden hat, kann von oben die Gäste im Erdgeschoss ebenso gut beobachten wie die Passanten draußen. Vergessen Sie aber nicht, sich erst an der Theke eine warme Schokolade mit einem Törtchen zu holen. Und dann? Einfach das Leben genießen.
bracka 3-5, fb nowaprowincja, telefon: 12 4305959, geöffnet: täglich 8.30-0.00, preis: kaffee 6 zł, straßenbahn: 1, 6, 8, 13 plac wszystkich świętych

(29) Ein Hamburgerladen, der vom Guide Michelin empfohlen wird? Das kann nur ein Scherz sein. Mitnichten! Der Grund ist klar: **Moaburger** serviert riesige, aber köstliche Hamburger in diversen Ausführungen. Die Spezialität: der neuseeländische Mammut-Burger mit 400 Gramm Rindfleisch.
mikołajska 3, www.moaburger.com, telefon: 12 4212144, geöffnet: mo-sa 11.00-23.00 & so 12.00-21.00, preis: 20 zł, straßenbahn: 3, 10, 19, 24, 52 poczta główna

(32) Im einstigen Luxushotel blättert die Farbe von den Wänden, aber das hält die in die Jahre gekommenen Kellner keineswegs davon ab, stoisch ihrer Arbeit nachzugehen. Im Restaurant **Gessler we Francuskim** werden mittags wie abends köstliche Speisen gereicht. An Wochentagen lockt ein preisgünstiges Angebot: das Zwei-Gänge-Menü "Espresso", Live-Klaviermusik inklusive.
pijarska 13, www.hotel-francuski.com, telefon: 78 6854777, geöffnet: täglich 07.00-23.00, preis: "espresso" 18 zł, straßenbahn: 7, 8, 19 basztowa lot

(34) Für ein Land von Fleischliebhabern verfügt Krakau über eine bemerkenswert hohe Zahl an vegetarischen Restaurants. Das **Glonojad** zeichnet sich durch schmackhafte und preiswerte Gerichte und eine lockere Atmosphäre aus. Die Portionen sind groß und die Säfte werden frisch gepresst.
plac jana matejki 2, www.glonojad.com, telefon: 12 3461677, geöffnet: täglich 9.00-22.00, preis: 15 zł, straßenbahn: 7, 8, 19 basztowa lot

TRUFLA (14)

(37) Die Einrichtung mit viel Holz und Tierfellen sowie die polnischen Traditionsgerichte machen das **Chata** zu einer absolut lohnenden Adresse für Krakau-Besucher. Hier gibt es zum Beispiel köstlichen *barszcz* (Rote-Bete-Suppe, bei uns als Borschtsch bekannt) und gefülltes Kotelett, serviert von einer immer freundlichen Bedienung. Völlig ausgehungerte Gäste nehmen am besten die Spezialität des Hauses: eine Platte mit fast allen Gerichten der Karte.
krowoderska 21, www.polskakuchnia.com.pl, telefon: 88 8101100, geöffnet: täglich 12.30-01.00, preis: 20 zł, straßenbahn: 7, 8, 19 basztowa lot

Shoppen

⑤ Im Süßwarenladen **CiuCiu** werden die süßen Köstlichkeiten in Handarbeit und nach alter Rezeptur hergestellt. Davon können Sie sich dort persönlich überzeugen. Tipp: Kaufen Sie sich eine Mischtüte für unterwegs oder zu Hause.
grodzka 38, www.ciuciukrakow.pl, telefon: 69 8521542, geöffnet: täglich 10.00-20.00, straßenbahn: 1, 6, 8, 13, 18 plac wszystkich świętych

⑥ Krakau ist auch bekannt für seine Schokolade. Bei **Karmello** stellen sie daraus Pralinen mit ausgefallenen Füllungen her wie zum Beispiel Zwiebel, rote Chili oder Mojito. Alles handgefertigt und frisch. Da keine Konservierungsstoffe verwendet werden, sind die Produkte nicht sehr lange haltbar.
plac wszystkich świętych 11, www.karmello.pl, telefon: 12 4220372, geöffnet: mo 6.00-22.00 & di-so 6.00-23.00, straßenbahn: 1, 6, 8, 13, 18 plac w. świętych

⑮ Polen ist unter anderem weltberühmt für seine farbenfrohe Keramik. In dem hübschen Laden von **Dekor Art** finden Sie ein tolles Sortiment von altmodischen Motiven bis hin zu (wieder) hippen *polka dots*. Die bunten Tassen und Teller bereichern jede Tafel. Damit der Krakau-Besuch garantiert noch lange in Erinnerung bleibt, werden sie absolut transportsicher verpackt.
sławkowska 11, telefon: 51 5452969, geöffnet: mo-sa 10.00-19.00 & so 11.00-17.00, straßenbahn: 7, 8, 19 basztowa lot

㉓ Eine Kostprobe gefällig? Bei **Szambelan** kein Problem. Hier bekommen Sie die verschiedensten Liköre in Gefäßen unterschiedlicher Größe. Wenn Sie einen Likör kaufen möchten, dann wird die gewünschte Menge in eine Flasche Ihrer Wahl abgefüllt. Auch eine mitgebrachte Plastikflasche wird akzeptiert.
bracka 9, www.szambelan.pl, telefon: 12 6287093, geöffnet: mo-do 11.00-20.00, fr-sa 11.00-20.30, so 12.00-18.00, straßenbahn: 1, 6, 8, 13, 18 plac w. świętych

㉖ Der **Likus Concept Store** vereint Alt mit Neu. Der Laden befindet sich in einem der alten Patrizierhäuser, deren Erd- und Untergeschoss zu Ladenflächen umgebaut wurden und die jetzt exklusive Modeboutiquen beherbergen. Bei Likus findet man neue Entwürfe bekannter Modeschöpfer wie Viktor & Rolf, John Galliano oder Ann Demeulemeester.
rynek główny 13, www.likusconceptstore.pl, telefon: 12 6170213, geöffnet: mo-sa 11.00-21.00 & so 11.00-17.00, straßenbahn: 2, 8, 13, 18, 20 teatr bagatela

LIKUS CONCEPT STORE ㉖

㊱ Ob riesige Pilze, Walderdbeeren, Honig aus eigener Herstellung, Räucherkäse oder Dutzende Wurstsorten – der täglich stattfindende **Stary-Kleparz-Markt** versorgt die Krakauer schon seit dem 17. Jahrhundert mit Lebensmitteln. Viele Produkte stammen von Erzeugern aus der Umgebung und sind von hoher Qualität.
rynek kleparsk, www.starykleparz.com, telefon: 12 6341532, geöffnet: mo-fr 6.00-18.00, sa 6.00-16.00, so 8.00-15.00, straßenbahn: 7, 8, 19 basztowa lot

Altstadt

SPAZIERGANG 1 (ca. 7,5 km)

Der Spaziergang startet an der Ecke Ulica Stradomska und Ulica Sw. Gertrudy. Die Wawel-Anhöhe (1) besteigen. Am Innenhof links Richtung Kirche (2) und die Burg über das Tor verlassen. Unten angekommen, die Ulica Kanonicza überqueren. Am Platz erst rechts (3) und dann links in die Ulica Grodzka (4) (5). Bei den Gleisen links (6) Richtung Esplanadenring (7). Hier rechts gehen und dann links in die Ulica Smoleńsk. Am Ende der Kirchenmauer links (8). Zurück in der Ulica Smoleńsk links abbiegen und dann rechts in die breite Ulica Retoryka. Danach der ersten Straße rechts bis zur Ulica Czapskich folgen. An derem Ende links gehen und dann gleich wieder rechts (9). Den Platz rechts über die Ulica Garncarska verlassen. Am Ende der Straße, beim Krankenhaus, rechts in die Ulica Krupnicza (10) (11) (12). An der Kreuzung die Straße überqueren und links zum Esplanadenring (13). Danach die erste Straße rechts Richtung Plac Szczepański (14) und gegenüber in die schmale Ulica Reformacka. Am Ende rechts und dann rechts in die Ulica Sławkowska (15). Von dort geht es zum Hauptmarkt (Rynek Główny) (16) (17) (18). Den Platz rechtsseitig überqueren (19) (20) und dann rechts abbiegen (21). In die erste Straße links zum Collegium Maius (22). Über den Innenhof und einen schmalen Durchgang zum Garten kommen Sie zurück in die Ulica Jagiellońska. Der ersten Straße links folgen, am Ende (23) links (24), um zum Hauptmarkt zurückzukehren. Den Platz rechtsseitig umrunden (25) (26), um zur Marienkirche (27) zu gelangen. Zum Gruseln (28) in die Ulica Florianska gehen. Ansonsten an der Kirche rechts zum Plac Mariacki (Marienplatz), durch das Tor Richtung Mały Rynek, dem "Kleinen Markt", gehen. Hier links wenden und am Ende des Platzes rechts (29) (30). Am Ende der Ulica Mikołajska links der Ulica Św. Krzyża bis zum Ende folgen. An der Kreuzung links zum Platz gehen (31). Das Theater links umrunden und dann links an der Stadtmauer entlang. Durch das Tor gehen, vorbei an einem Restaurant (32) und dann in die erste Straße rechts Richtung Esplanadenring gehen, um zur Barbakane (33) zu gelangen. Hinter dem Tor die Straße zum Platz überqueren (34) (35). Hinter dem Denkmal in die erste Straße links, bis Sie rechts zum Markt (36) abbiegen können. Jenseits des Marktes links der Ulica Św. Filipa bis zum Ende folgen. Dann rechts in die Ulica Długa und die erste Straße links. Am Ende links in die Ulica Krowoderska, um den Spaziergang mit einer polnischen Mahlzeit (37) abzuschließen.

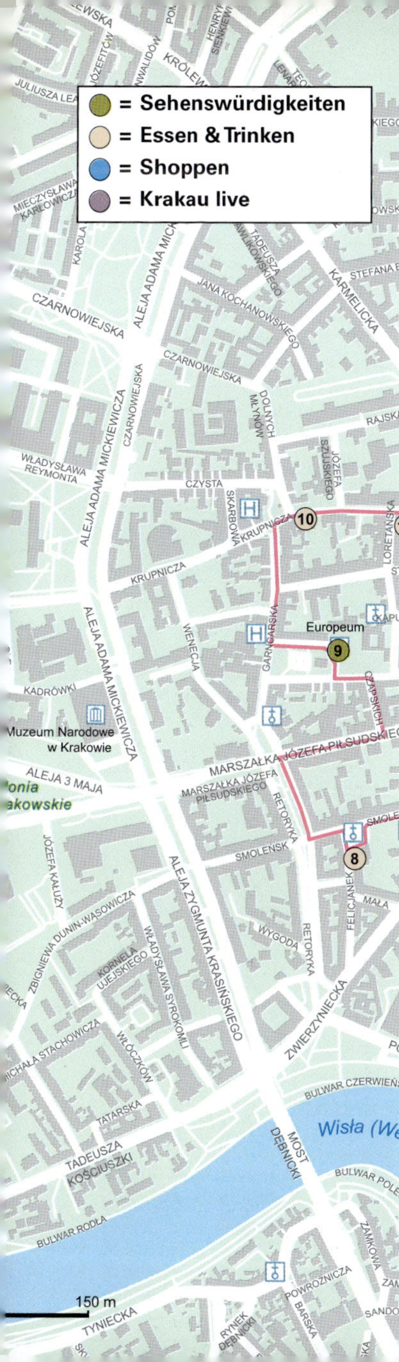

1

1 Wawel-Burg
2 St. Stanislaus und Wenzel
3 Peter-und-Paul-Kirche
4 Pod Aniołami
5 CiuCiu
6 Karmello
7 Esplanadenring
8 Massolit Books & Cafe
9 Europeum
10 Meho Cafe
11 Karma Coffee Roasters
12 Pod Norenami
13 Bunkier Sztuki
14 Trufla
15 Dekor Art
16 Hauptmarkt
17 Tuchhallen
18 Rynek Underground
19 Rathausturm
20 Piwnica pod Baranami
21 Chimera
22 Collegium Maius
23 Szambelan
24 Nowa Provincja
25 Adalbertkirche
26 Likus Concept Store
27 Marienkirche
28 Lost Souls Alley
29 Moaburger
30 Wódka Bar
31 Juliusz-Słowacki-Theater
32 Gessler we Francuskim
33 Barbakane
34 Glonojad
35 Grunwald-Denkmal
36 Stary-Kleparz-Markt
37 Chata

REMU SYNAGOGUE
LD JEWISH CEMENTARY
SZEROKA St.
ASIA ART
S.
23850
GALICIA JEWISH MUSEUM
DAJWÓR 18, 200m

Kazimierz

Die historische Altstadt ist das Aushängeschild Krakaus, das **jüdisc[illegible] Viertel** Kazimierz die Seele. Hier liegen jahrhundertalte Synagogen neben beliebten Street-Food-Lokalen und hinter bröckelnden, mit Graffiti besprühten Fassaden befinden sich trendige Bars und Modeboutiquen. Krakauer und Touristen stehen Seite an Seite an, um den kleinen Hunger mit einer großen *zapiekanka* zu stillen. Es ist das Multikultiflair von Kazimierz, das eine unwiderstehliche Anziehungskraft ausübt.

Den Namen "jüdisches Viertel" hat Kazimierz der jüdischen Gemeinschaft zu verdanken, die ab dem 15. Jahrhundert die größte Bevölkerungsgruppe darstellte. Das sollte so bis 1940 bleiben, als die Nazis die Juden aus ihrem Viertel vertrieben. Kazimierz mit seinen vielen Synagogen war plötzlich größtenteils verwaist und verfiel mit den Jahren zusehends. Erst als der Stadtteil 1993 die Kulisse für den Kinofilm *Schindlers Liste* bildete, wurde man wieder auf Kazimierz aufmerksam. Künstler bezogen die leer stehenden Häuser, Touristen fanden den Weg hierher, Kneipen öffneten ihre Türen und Synagogen wurden restauriert.

Inzwischen ist Kazimierz das beliebteste Viertel Krakaus, auch wenn viele Gebäude nach wie vor renovierungsbedürftig sind. Wer die Museen, Synagogen und Kirchen besucht, erfährt viel über die reiche jüdische und katholische Vergangenheit des Viertels. Ableger großer Laden- und Restaurantketten findet man hier vergeblich, zum Shoppen bieten sich kleine Boutiquen in der Ulica **Jozéfa** (Josephstraße) an. Hotspots sind der **Plac Nowy** (Neuer Platz) mit seinen gemütlichen Kneipen und die Ulica **Szeroka** (Breite Straße) mit ihren jüdischen Traditionslokalen mit Klezmermusik.

NUR KURZ HIER? DIESE HIGHLIGHTS DÜRFEN SIE NICHT VERPASSEN:

+ GALICJA + DAWNO TEMU NA KAZIMIERZU + IDEAFIX
+ ALCHEMIA + ZAPIEKANKA

ER DIESEN SPAZIERGANG

Kazimierz ist ein Labyrinth aus verwinkelten Gassen. Der Spaziergang beginnt in einem stillen Abschnitt des Viertels und führt über einen grünen Boulevard am Wasser zu Läden, Restaurants, Terrassen und Cafés, in denen man am liebsten den ganzen Tag verweilen möchte. Dann verpassen Sie jedoch die einmalige Gelegenheit, jüdische Kultur und Traditionen zu erleben. Die Tour ist nicht sehr lang und lässt sich wunderbar mit Spaziergang 3 kombinieren.

- EIN SPAZIERGANG MIT VIELEN KNEIPEN UND RESTAURANTS
- DONNERSTAG, FREITAG UND SAMSTAG SIND IDEALE NACHTSCHWÄRMERTAGE
- NICHT ALS FAHRRADTOUR ZU EMPFEHLEN

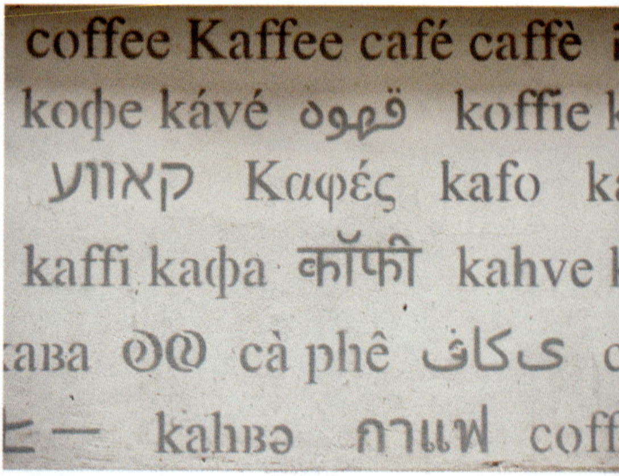

Sehenswürdigkeiten

(3) In der **Tempelsynagoge** befindet sich ein prachtvoller Gebetsraum, der nach dem Krieg vollständig restauriert wurde. Die in Gold und Rot gehaltenen Wände und die vielen goldfarbenen Verzierungen verleihen dem Gebäude etwas Erhabenes. In der jüngsten Synagoge von Kazimierz (Fertigstellung 1862) fanden bis 1985 noch gelegentlich Gottesdienste statt, seit der Renovierung wird sie vor allem für Konzerte genutzt.
miodowa 24, telefon: 12 4305411, geöffnet: so-do 10.00-18.00, eintritt: 5 zł, straßenbahn: 3, 9, 19, 24, 50 miodowa

(6) Die im 14. Jahrhundert im Auftrag von König Kazimierz III. im gotischen Stil erbaute **Katharinenkirche** gehört zum angrenzenden Augustinerkloster. Große Besonderheit: Der Kirche fehlt der eigentlich obligatorische Kirchturm. Im Inneren kann man in den diversen Gängen immer wieder etwas Neues entdecken, zum Beispiel Gemälde oder Sarkophage.
augustianska 7, www.parafia-kazimierz.augustianie.pl, telefon: 12 4306242, geöffnet: nur während messen, eintritt: frei, straßenbahn: 11, 18, 22, 52, 72 stradom

(7) Am Ende einer Allee liegt ein prachtvolles Tor, durch das man die Gärten des Paulinerklosters auf dem Skałka-Hügel betritt. Hier befindet sich auch die imposante, mit zwei baugleichen Türmen versehene **Kirche auf dem Felsen**, eine Barockkirche mit wunderschönem, auffällig hellem Interieur. In den Gärten befindet sich ein Teich, dessen Wasser angeblich Heilkraft besitzt, und eine Statue des polnischen Heiligen Stanislaus. Die Mauer dahinter stammt aus dem 13. Jahrhundert, die Statuen polnischer Heiliger aus dem 21. Jahrhundert. Tipp: Der Weg neben der Kirche führt zum Fluss.
skałeczna 15, www.skalka.paulini.pl, telefon: 12 4217244, geöffnet: täglich 10.00-12.00 & 14.00-17.00 (nicht während der messen), eintritt: frei, straßenbahn: 11, 18, 22, 52, 72 stradom

לא תרצח
לא תנאף
לא תגנב
לא תענה
לא תחמד
לא יהיה לך
לא תשא
זכור את יום
כבד את אביך
3

23

23

⑨ Im alten Rathaus von Kazimierz befindet sich heute das **Ethnografische Museum**. Anhand von vollständig eingerichteten Wohnungen, einer Schule, farbenfroher Tracht und Volkskunst bekommen Besucher einen Eindruck vom Leben im 19. und 20. Jahrhundert. Wie feierten die Bauern, wie wurde der Glauben gelebt und was machte man in der Freizeit? Die Sammlung ist sehr vielfältig und umfangreich und umfasst Gebrauchs- und Kulturgegenstände aus diversen Regionen Polens.
plac wolnica 1, www.etnomuzeum.eu, telefon: 12 4305563, geöffnet: di-mi 11.00-19.00, do 11.00-21.00, fr-sa 11.00-19.00, so 11.00-15.00, eintritt: 13 zł, straßenbahn: 6, 8, 10, 13 plac wolnica

⑭ Einen besseren Platz für das **Städtische Technikmuseum** (Muzeum Inżynierii Miejskiej) als das einstige Straßenbahndepot von Krakau hätte man nicht wählen können. Zumal ein Teil der Ausstellung sich der Historie des Krakauer öffentlichen Nahverkehrs widmet. Zu sehen sind historische Straßenbahnen, Autos und Motorräder.
świętego wawrzyńca 15, www.mimk.com.pl, telefon: 12 4211242, geöffnet: juni-sept. di, do, so 10.00-18.00 & mi, fr, sa 10.00-16.00, okt.-mai di-so 10.00-18.00, eintritt: 10 zł, straßenbahn: 3, 9, 19, 24, 50 świętego wawrzyńca

㉓ Das beeindruckende Gebäude am Szeroka-Platz ist die **Alte Synagoge**. Die älteste Synagoge Polens stammt aus dem 15. Jahrhundert und ist heutzutage ein Museum. Die interessante Dauerausstellung mit Fotografien und Gebrauchsgegenständen vermittelt einen guten Einblick in jüdische Traditionen und Rituale.
szeroka 24, www.mhk.pl/branches/old-synagogue, telefon: 12 4220962, geöffnet: siehe website, preis: 9 zł, straßenbahn: 3, 9, 19, 24 miodowa

㉕ Mit tollen Foto-Ausstellungen skizziert das Museum **Galicja** ein Bild der jüdischen Vergangenheit bis heute in Polen und andernorts in Osteuropa. Vor allem die beeindruckende Dauerausstellung *Traces of Memory* ist innerhalb kürzester Zeit zum Publikumsmagnet für Besucher aus aller Welt geworden.
dajwór 18, www.galiciajewishmuseum.org, telefon: 12 4216842, geöffnet: täglich 10.00-18.00, eintritt: 15 zł, straßenbahn: 3, 9, 19, 24, 50 miodowa

Essen & Trinken

(5) Eine beliebte osteuropäische Spezialität ist die Pirogge, in Polen *pierogi* genannt. Bei **Pierozki u Vincenta** hat man sich auf diese gefüllten Teigtaschen spezialisiert. Ganze 28 Variationen werden angeboten. Die Standardausführung *ruskie* ist mit Zwiebeln, Kartoffeln und Quark gefüllt, während eine fantasievolle süße Variante Kirschen enthält und eine herzhafte Version Huhn und rote Bohnen. Das Lokal hat einen Fast-Food-Touch und das passt, denn Piroggen sind eine schnelle Mahlzeit für zwischendurch.
bozego ciala 12, fb pierożki u vincenta, telefon: 50 6806304, geöffnet: täglich 11.00-21.00, preis: 13 zł, straßenbahn: 11, 18, 22, 52 stradom

(11) Auf der Suche nach veganen Hamburgern? Dann sind Sie bei **Nova Krova** richtig. In diesem mit Holzboden und Holzmöbeln eingerichteten Fast-Food-Restaurant werden ausschließlich pflanzliche Zutaten verwendet. Kosten Sie unbedingt einen der sieben Veggieburger oder die köstlichen aus Süßkartoffeln, Roten Beten und Karotten hergestellten "Pommes".
plac wolnica 12, www.novakrova.com.pl, telefon: 53 0305304, geöffnet: so-do 12.00-21.00 & fr-sa 12.00-23.00, preis: 16 zł, straßenbahn: 6, 8, 10, 13 plac wolnica

(12) In der Ulica Mostowa war vor einigen Jahren noch nichts los. Das hat sich geändert, seitdem die Straße über eine Fußgängerbrücke mit dem anderen Ufer verbunden ist. Zahlreiche Krakauer und Touristen pilgern nun hierher und es eröffnen ständig neue Cafés. Das beliebteste ist das **Mostowa ArtCafe**, ein Treffpunkt der Kreativen, mit wechselnden Kunstwerken an den Wänden. An warmen Tagen lässt es sich auch draußen vor dem Lokal wunderbar aushalten.
mostowa 8, fb mostowa-artcafe, telefon: 73 0480477, geöffnet: so-do 12.00-22.00 & fr-sa 12.00-0.00, preis: bier 8 zł, straßenbahn: 6, 8, 10, 13 plac wolnica

(17) In der stimmungsvollen Kneipe **Eszeweria** lässt man die betriebsame Altstadt hinter sich. Alte Möbel, Kerzenschein, freundliches Barpersonal und gute Getränke – was braucht man mehr, wenn man sich unterhalten oder Fotos anschauen möchte. Im Winter versprüht das Lokal romantische Behaglichkeit, im Sommer empfiehlt sich der große Garten. Mit ein wenig Glück finden Sie noch eine freie Hängematte. Hinweis: Essen kann man hier nicht.
józefa 9, telefon: 51 7491927, geöffnet: täglich 12.00-02.00, preis: bier 8 zł, straßenbahn: 6, 8, 10, 13 stradom

NOVA KROVA ⑪

⑳ An der Wand leuchtet ein riesiger Eiffelturm, eine Straßenlaterne dient als Raumbeleuchtung. Sogar an Regentagen hat man im **Zazie Bistro** das Gefühl, dass draußen die Sonne scheint. In diesem kleinen Paris-Bistro bekommen Sie köstliche Quiches und Salate. Oder gönnen Sie sich in der Mittagszeit eine Crème brulée oder ein Haselnusstörtchen. Tipp: Vorab reservieren, dann bekommen Sie sicher einen Tisch.
józefa 34, www.zaziebistro.pl, telefon: 50 0410829, geöffnet: so-do 12.00-0.00 & fr-sa 12.00-23.00, preis: 33 zł, straßenbahn: 3, 9, 19, 24, 50 miodowa

(21) Die rosarote Fassade des Cafés **Cheder** ist unübersehbar. Mit dem glänzenden Parkett, den Holzmöbeln, großen Bücherregalen aus der dazugehörigen jüdischen Bibliothek und frischen Blumen auf den Tischen ist das Lokal innen allerdings nicht weniger aufsehenerregend. Gönnen Sie sich einen israelischen Kaffee, marokkanischen Tee, einen ganz besonderen roten Cappuccino oder Rooibos-Latte-macchiato. Und wer Appetit verspürt, bestellt am besten Hummus dazu.
józefa 36 (eingang um die ecke), www.cheder.pl, telefon: 51 5732226, geöffnet: täglich 10.00-22.00, preis: kaffee 10 zł, straßenbahn: 3, 9, 19, 24, 50 miodowa

(24) Wer nur schnell einen Tee trinken möchte, sollte das **Czajownia** meiden. Denn schon das Angebot von Hunderten Teesorten stellt einen vor eine zeitaufwendige Wahl. Zum Glück gibt es im Czajownia genug Sitzgelegenheiten, die einen längeren Verbleib sehr angenehm machen.
józefa 25, www.czajowniakrakow.pl, telefon: 66 4299306, geöffnet: so-do 13.00-22.00 & fr-sa 13.00-23.00, preis: ab 5 zł, straßenbahn: 3, 9, 19, 24, 50 miodowa

(26) Kaum zeigt sich die Frühlingssonne am Himmel, öffnen die Eiscafés unisono ihre Türen und die Krakauer stellen sich brav in die Schlange, um ein traditionell hergestelltes Eis, *lody* genannt, zu erstehen. Wer das beste Eis macht, darüber gehen die Meinungen auseinander. Wenn jedoch die Länge der Schlange etwas über die Qualität aussagt, dann hängt der winzige Eissalon **Pracownia Cukiernicza Stanisław Sarga** die Konkurrenz meilenweit ab. An warmen Tagen ist sie oft bis zu 100 Meter lang.
starowiślna 83, telefon: 12 2922912, geöffnet: im sommer täglich 9.00-19.00, preis: 2,50 zł, straßenbahn: 3, 9, 19, 24, 50 swietego wawrzynca

(27) Die meisten jüdischen Restaurants in der Ulica Szeroka (Breiten Straße) verströmen eine eher melancholische Atmosphäre. Das **Hamsa** ist da eine Ausnahme. Die moderne israelische Restaurant-Bar ist hell und bunt eingerichtet, die Gerichte sind ebenfalls zeitgemäß und spiegeln die heutige Küche Israels und des Nahen Ostens wider. Ob Sie frühmorgens einen starken orientalischen Kaffee brauchen oder abends leckere Mezze und israelischen Wein genießen möchten, im ganztags geöffneten Hamsa sind Sie immer richtig.
szeroka 2, www.hamsa.pl, telefon: 51 5150145, geöffnet: täglich 10.00-1.00, preis: 35 zł, straßenbahn: 3, 9, 19, 24, 50 miodowa

㉙ **ALCHEMIA**

㉘ "Es war einmal in Kazimierz" heißt dieses kleine Restaurant übersetzt. Das **Dawno Temu na Kazimierzu** erzählt die Geschichte von vier jüdischen Handwerkern, die vor dem Krieg jeweils einen kleinen Laden in Kazimierz betrieben. Die vier nebeneinander gelegenen Räume wurden in ein stimmungsvolles Restaurant umgewandelt. In der gleichen Straße sind noch mehr jüdische Lokale, aber keines ist so authentisch wie das Dawno Temu na Kazimierzu. *szeroka 1, www.dawnotemu.nakazimierzu.pl, telefon: 12 4212117, geöffnet: mo-so 10.00-22.30, preis: 35 zł, straßenbahn: 3, 9, 19, 24, 50 miodowa*

(29) Die Atmosphäre in Kazimierz lässt sich auch mit einem Wort umschreiben: **Alchemia**. Denn diese Kneipe ist eine Institution im Viertel – hip und altmodisch zugleich. Das Interieur besteht aus einem bunten Sammelsurium an Möbeln, die irgendwie doch zueinanderpassen. Der Raum mit den schlampig gestrichenen Wänden und dunklen Decken wird nur von einer Handvoll Kerzen beleuchtet. Krakauer und Touristen lassen sich mit einem großen Glas Bier und einer Mahlzeit auf knarzenden Stühlen nieder und bleiben dann meist einige Zeit. Im Untergeschoss finden regelmäßig Konzerte statt, manchmal auch von Bands, die kurz vor dem Durchbruch stehen.
estery 5, www.alchemia.com.pl, telefon: 12 4212200, geöffnet: mo 10.00-4.00 & di-so 9.00-4.00, preis: bier 8 zł, straßenbahn: 11, 18, 22, 52, 72 stradom

(30) Auf dem kleinen Neuen Platz, Plac Nowy, steht ein rundes Gebäude aus dem Jahr 1900: Okrąglak. In dieser einstigen Markthalle, die auch schon als jüdischer Schlachtbetrieb diente, stehen heute Krakauer in einer Schlange an, um den beliebten Street-Food-Snack **zapiekanka** zu ergattern. Diese kleinen Baguettes, die üppig mit Champignons, Käse und frei wählbaren Toppings belegt werden, können es locker mit einer guten Pizza aufnehmen.
plac nowy, geöffnet: mo-sa 8.00-2.00 & so 14.00-2.00, preis: ab 4 zł, straßenbahn: 11, 18, 22, 52, 72 stradom

(31) Die großen Fenster, der üppige Einsatz von Beton und Kupfer und der überdachte, begrünte Innenhof vermitteln ein eher mondänes Flair. Die Speisekarte von **Plac Nowy 1**, das Café und Restaurant in einem ist, hat jedoch für jeden Geschmack etwas zu bieten. Neben normalen Gerichten wird Fingerfood gereicht, das wunderbar zu einem der polnischen Biere passt, die hier frisch gezapft werden.
plac nowy 1, www.placnowy1.pl, telefon: 12 4427700, geöffnet: so-mi 9.00-0.00 & do-sa 9.00-2.00, preis: 35 zł, straßenbahn: 11, 18, 22, 52, 72 stradom

(32) Das Restaurant **Warsztat** ist spezialisiert auf italienische Gerichte – so weit nichts Besonderes. Erstaunlich aber sind die Portionen, die man als groß bis riesig bezeichnen kann, die niedrigen Preise und die ausgezeichnete Qualität. Das Warsztat gibt es gleich zweimal in Kazimierz: Das mit Musikinstrumenten geschmückte Lokal in der Ulica Izaaka ist das stimmungsvollere.
izaaka 3, www.restauracjawarsztat.pl, telefon: 12 4301451, geöffnet: so-do 9.00-1.00 & fr-sa 9.00-2.00, preis: 22 zł, straßenbahn 11, 18, 22, 52, 72 stradom

Shoppen

(1) Auf der Suche nach alten Sachen? Dann werden Sie hier bestimmt fündig. Der kleine Laden **Stary sklep** ("alter Laden") ist bis zur Decke mit Trödel vollgestopft. Ob Kaffeemühlen, Kerzenständer, Geldbeutel, alte Plakate oder Gläser, hier gibt es alles. Antiquitäten sind es nicht, aber toller Krimskrams.
brzozowa 7, fb oldshopstarysklep, telefon: 69 3499604, geöffnet: täglich 10.00-19.00, staßenbahn: 3, 9, 19, 24, 50 miodowa

(2) Im Laden-Café **Kawalerka** ist der Raum links als Kaffee- und Teeladen im Stil eines Tante-Emma-Ladens eingerichtet. Hier können Sie alle möglichen Sorten kaufen. Sie möchten erst probieren? Das geht im Raum daneben – stimmungsvoll gestaltet mit Kunstwerken an den Wänden und Kissen auf den Stühlen.
brzozowej 20, www.warsztatherbaty.pl, telefon: 51 2955235, geöffnet: täglich 10.00-21.00, preis: 6 zł, staßenbahn: 3, 9, 19, 24 miodowa

(4) Wer wissen will, wie Krakau im letzten Jahrhundert aussah, sollte die kleine **Galeria LueLue** aufsuchen. Hier dokumentieren Dutzende Schwarz-Weiß-Fotografien den Zustand der Stadt zu jener Zeit. Repros von diesen Fotos kann man übrigens auch erwerben, entweder auf Leinwand oder als Papierabzug, die meisten gibt es auch als Postkarte.
miodowa 22, www.luelue.pl, telefon: 50 2224854, geöffnet: mo-fr 10.00-18.00 & sa-so 11.00-16.00, straßenbahn: 3, 9, 19, 24 miodowa

(10) In der etwas außerhalb der Stadt gelegenen Benediktinerabtei Tyniec betreiben die Mönche einen eigenen Laden, der einen Ableger in Kazimierz hat: **Produkty Benedyktyńskie**. Hier bekommt man neben Produkten aus eigener Herstellung wie dem Brottrunk *kwas* und einigen Bieren (unbedingt probieren!) auch Waren anderer Hersteller, die zum Beispiel Heilkraft besitzen sollen oder einfach nur gut schmecken.
krakowska 29, www.produktybenedyktynskie.com, telefon: 12 4220216, geöffnet: mo-fr 09.00-18.00 & sa 09.00-14.00, straßenbahn: 11, 18, 22, 52, 72 stradom

1

50 zł
13

19 BLAZKO

(13) In einer hippen Gegend wie Kazimierz darf ein Concept-Store nicht fehlen. **Ideafix** erfüllt diese Rolle mit Bravour. Im Vordergrund stehen die Vermarktung und Förderung von Produkten und Entwürfen polnischer Designer. So stammen nicht nur die schicken Kleidungsstücke aus polnischer Herstellung, sondern auch die modernen Möbel, die Bilder und sogar die Musik, die aus den Lautsprechern ertönt.
bocheńska 7, www.strona.noveidee.nazwa.pl, telefon: 12 4221246, geöffnet: mo-fr 11.00-19.00 & sa-so 12.00-18.00, straßenbahn: 6, 8, 10, 13 plac wolnica

(18) Haarspangen mit Federn, hübsche weite Röcke, Lederhandtaschen – in der **Portobello Vintage Butik** gibt es immer etwas, das in Ihrem Kleiderschrank noch fehlt. Das Sortiment umfasst vor allem Produkte im Stil der 1920er- bis 1940er-Jahre und wird ständig erweitert. Ob Kleidung, Schuhe oder Accessoires – alles sieht toll aus und die Qualität ist gut.
jozéfa 11, www.vintageclassics.pl, telefon: 50 9626818, geöffnet: mo-sa 11.00-19.00 & so 10.00-16.00, straßenbahn: 6, 8, 10, 13 stradom

(19) Als Künstler ist Grzegorz **Blazko** eine nationale Institution. Mittlerweile hat er sich in Kazimierz niedergelassen und stellt Schmuck her. Farbenfroh und meist aus Metall sind die Unikate, die er in seinem Atelier in der Ulica Jozéfa anfertigt. Bringen Sie ein wenig Zeit mit, wenn Sie sich mit Grzegorz Gedanken über einen eigenen Entwurf machen möchten.
jozéfa 11, www.blazko.pl, telefon: 50 8646298, geöffnet: mo-fr 11.00-18.00 & sa-so 11.00-15.00, straßenbahn: 6, 8, 10, 13 stradom

(22) Ihren Namen hat die "hohe Synagoge" der Tatsache zu verdanken, dass der Gebetsraum sich in der ersten Etage befindet. Somit blieb das Erdgeschoss für andere Zwecke frei, so etwa für die jüdische Buchhandlung **Austeria**. Melancholische Klezmerklänge, die aus dem Gebäude nach außen dringen, ziehen interessierte Besucher an und verführen sie dazu, ausgiebig in den überwiegend englischsprachigen Büchern zu schmökern.
józefa 38, www.austeria.pl, telefon: 12 4306889, geöffnet: täglich 10.00-18.00, straßenbahn: 3, 9, 19, 24, 50 miodowa

Kazimierz

SPAZIERGANG 2 (ca. 5,5 km)

Der Spaziergang beginnt in der lebhaften Ulica Dietla. Auf halber Strecke in die Ulica Brzozowa, um Accessoires zu kaufen oder einen Kaffee zu trinken (1) (2). Danach etwas weiter rechts in die Ulica Miodowa (3) (4). Dann links in die Ulica Bożego Ciała, um einen Tisch für einen Piroggen-Lunch zu reservieren (5). Die erste Straße rechts, die verkehrsreiche Ulica Krakowska überqueren und links in die Ulica Augustianska. Bei der Kirche (6) rechts, der Straße bis zum Ende folgen und dann durch das Tor zur Kirche auf dem Felsen (7). Die Kirche links liegen lassen und das Gelände über ein kleines Tor verlassen. Dann links am Wasser entlang und an Bord eines Rundfahrtbootes gehen (8). Danach wieder am Wasser entlanggehen bis zur ersten Brücke. Dort links wieder in die Ulica Krakowska, um zum Wolnica-Platz zu gelangen (9) (10). Den Platz diagonal nach rechts überqueren (11) und der Ulica Mostowa (12) bis zum Fluss folgen. Dann zweimal links in die Ulica Bochenska (13). Zurück zur Ulica Gazowa und am Ende rechts – etwa 50 Meter weiter finden Sie das Städtische Technikmuseum (14). Zurückgehen, bis Sie rechts durch ein Tor zur Kirche (15) gehen können. Die Kirche links liegen lassen und durch das Tor gehen, durch das man rechts wieder zur Ulica Bożego Ciała kommt. Dann rechts in die Ulica Józefa, um zu shoppen (16) (17) (18) (19). Am Platz am Ende der Straße das Café und die Buchhandlung besuchen (20) (21) (22). Dann links in die Ulica Jakuba, rechts in die erste kleine Gasse und weitergehen, bis Sie zum Platz vor der Alten Synagoge (23) gelangen. Geradeaus weiter (24) und am Ende der Straße links in die Ulica Św. Wawrzyńca. Danach die erste Straße links (25) abbiegen oder weitergehen, um in die Ulica Starowiślna zu gelangen. Dort links gehen, um köstliches Eis (26) zu kosten. Bei nächster Gelegenheit in einer scharfen Kurve links in die Ulica Dajwór. Die Straße überqueren und rechts in die Ulica Szeroka. Dann rechts den Platz überqueren und in einem der jüdischen Restaurants (27) (28) etwas essen. Der Ulica Szeroka weiter folgen und dann links in die Miodowa, die erste Straße links und dann die erste Straße rechts, um das Zentrum von Kazimierz, den Plac Nowy (29), zu erreichen. Machen Sie es wie die Polen und kaufen Sie sich eine *zapiekanka* aus dem Ofen (30) oder suchen Sie ein Lokal, um ein Bier zu trinken oder etwas zu essen (31) (32).

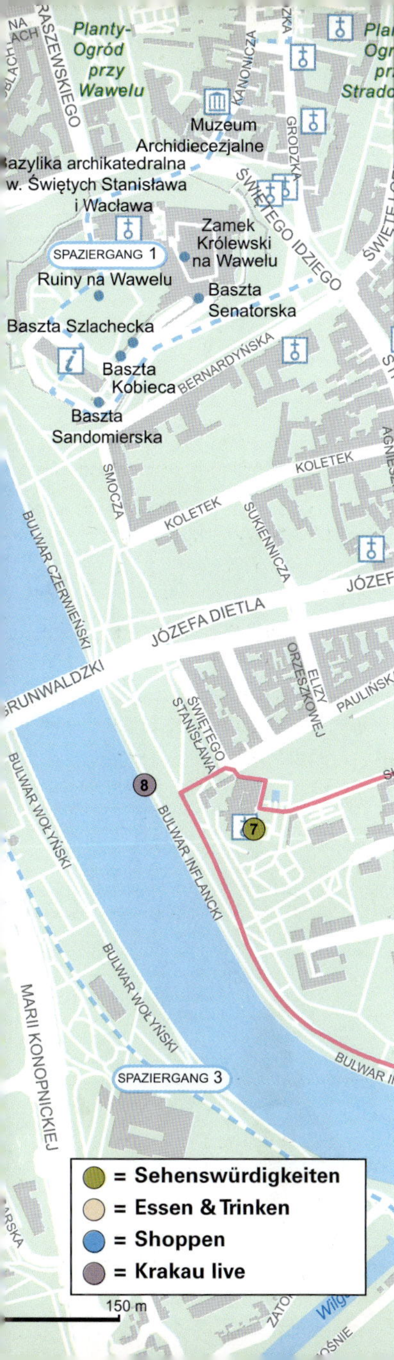

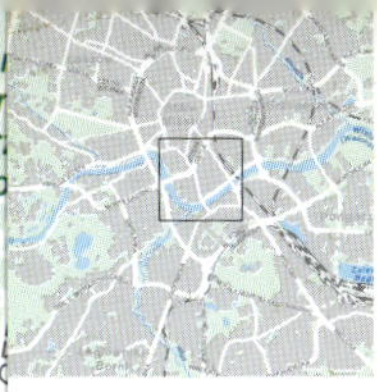

2

1 Stary sklep
2 Kawa Lerka
3 Tempelsynagoge
4 Galeria LueLue
5 Pierozki u Vincenta
6 Katharinenkirche
7 Kirche auf dem Felsen
8 Ster Vistula Shipping Centre/ Tyniec
9 Ethnografisches Museum
10 Produkty Benedyktyńskie
11 Nova Krova
12 Mostowa ArtCafe
13 Ideafix
14 Städtisches Technikmuseum
15 Fronleichnamskirche
16 Dwa Kola
17 Eszeweria
18 Portobello Vintage Butik
19 Blazko
20 Zazie Bistro
21 Cheder
22 Austeria
23 Alte Synagoge
24 Czajownia
25 Galicja
26 Pracownia Cukiernicza Stanisław Sarga
27 Hamsa
28 Dawno Temu na Kazimierzu
29 Alchemia
30 *zapiekanka*
31 Plac Nowy 1
32 Warsztat

Podgórze

3

Der Kinofilm *Schindlers Liste* hat Kazimierz zu einem beliebten Touristenziel gemacht. Und das, obwohl die Geschichte sich größtenteils in Podgórze, dem Viertel jenseits der Weichsel, zutrug. Denn hier befanden sich nicht nur das völlig ummauerte **Ghetto** und das KZ Plaszów, sondern auch die **Emaillewarenfabrik von Oskar Schindler**. Mehr als 70 Jahre danach erinnern Reste der Ghettomauer und Gedenktafeln an diese düstere Epoche.

Vor einigen Jahren wurde Pódgorzes Vergangenheit wieder zum Leben erweckt – und zwar in der Fabrik, die in Spielbergs Film eine so wichtige Rolle einnimmt. Nach einer grundlegenden Renovierung beherbergt das Gebäude jetzt ein Museum, das sich der Zeit des Nazi-Regimes widmet. Für viele Touristen der einzige Grund, den Fluss nach Podgórze zu überqueren. Schade, denn das Viertel hat noch viel mehr zu bieten.

Seit der Eröffnung der **Fußgängerbrücke** 2010 zieht es allerdings immer mehr Menschen in den vergessenen Stadtteil, der langsam aus seinem Dornröschenschlaf zu erwachen scheint. Überall wird gewerkelt und gearbeitet, aber bis sich Podgórze von seiner von Armut geprägten Geschichte erholt hat, wird noch einige Zeit vergehen. Dennoch: Restaurants werden zwischen verwaisten Fabrikhallen eröffnet, Designerläden präsentieren ihre Produkte in leer stehenden Hotels, Ateliers und Galerien trotzen den bröckelnden Fassaden, während mancherorts auch Appartementhäuser für junge, reiche Krakauer entstehen. Podgórze ist aufstrebend wie kein anderes Viertel in Krakau und ändert sich rasch, daher gibt es stets viel Neues zu entdecken.

NUR KURZ HIER? DIESE HIGHLIGHTS DÜRFEN SIE NICHT VERPASSEN:

+ OSKAR SCHINDLERS FABRIK + PLATZ DER GHETTOHELDEN
+ COFFEE CARGO + DRUKARNIA + FORUM PRZESTRZENIE

ÜBER DIESEN SPAZIERGANG

Das Museum in der einstigen Fabrik von Oskar Schindler sollten Sie unbedingt besuchen. Auch, um die Sehenswürdigkeiten, denen man später im einstigen Ghetto begegnet, besser verstehen zu können. Auf halber Strecke bietet sich ein Abstecher zum Grabhügel an, der eine herrliche Aussicht über die Stadt bietet. Schließen Sie den Tag in einem der vielen hippen Restaurants ab.

+ FÜR ALLE, DIE DIE ALTSTADT KENNEN UND NEUGIERIG AUF NEUES SIND
+ GUT ZU KOMBINIEREN MIT SPAZIERGANG 2
+ VOR ALLEM AN DER WEICHSEL WUNDERBAR FAHRRADTAUGLICH

Sehenswürdigkeiten

③ Das 2010 fertiggestellte Gebäude, in dem sich das **MOCAK**, das Museum für moderne Kunst, befindet, ist selbst ein Kunstwerk. Im Inneren erwartet die Kunstfreunde eine riesige Dauerausstellung mit Gemälden und Installationen renommierter Künstler aus dem In- und Ausland. Richtig berühmt wurde das MOCAK jedoch wegen seiner Sonderausstellungen.
lipowa 4, www.mocak.pl, telefon: 12 2634000, geöffnet: di-so 11.00-19.00, eintritt: 10 zł, straßenbahn: 3, 19, 24, 50, 79 plac bohaterów getta

④ Nach jahrzehntelangem Leerstand wurde die mittlerweile weltberühmte Emaillewarenfabrik von Oskar Schindler 2010 vollständig renoviert und in ein beeindruckendes Museum umgewandelt. Hier wird die Geschichte Schindlers und der Menschen erzählt, die er vor der Ermordung durch die Nazis gerettet hat. Die vielen Fotos, Film- und Tonaufnahmen in **Oskar Schindlers Fabrik** zeichnen ein bedrückendes Bild von Krakau und dem Leben im Ghetto während der Besatzungszeit 1939 bis 1945. Hinweis: Kassenschluss 90 Minuten vor Schließung des Museums.
lipowa 4, www.mhk.pl/branches/oskar-schindlers-factory, telefon: 12 2571017, geöffnet: apr.-okt. mo 10.00-16.00, di-so 10.00-20.00, nov.-märz mo 10.00-14.00, di-so 10.00-18.00, eintritt: 19 zł, straßenbahn: 3, 19, 24, 50 plac bohaterów getta

⑥ Während der deutschen Besatzung wurden sämtliche jüdischen Einwohner Krakaus in das Ghetto in Podgórze zwangsumgesiedelt. Eine hohe Mauer sollte jeglichen Fluchtversuch unterbinden. Ein Teil der **Ghettomauer** ist erhalten geblieben und trägt eine Gedenktafel, auf der in Polnisch und Hebräisch steht: "Hier haben sie gelebt und gelitten und sind von den Nazi-Henkern ermordet worden. Von hier aus führte ihr letzter Weg in die Vernichtungslager."
lwowska 25-29, straßenbahn: 6, 13 limanowskiego

⑧ Einst befand sich bei Hausnummer 15A in der Limanowskiego-Straße ein **Altenheim** für Juden des Ghettos. 1942, ein Jahr vor der Auflösung des Ghettos, ermordeten die Nazis alle Bewohner und den Leiter des Heims. Heute ist 15A ein ganz normales Wohnhaus, nur eine Tafel an der Fassade erinnert noch an jene Zeit.
bolesława limanowskiego 15a, straßenbahn: 6, 8, 10, 13 korona

⑪ CRICOTEKA

⑨ Während der Einrichtung des jüdischen Ghettos zwangen die Nazis Nichtjuden aus Podgórze, in den "arischen" Teil der Stadt umzuziehen. Der polnische Apotheker Tadeusz Pankiewicz weigerte sich und betrieb seine Apotheke auch noch im Ghetto weiter. Jahrelang versorgten er und seine Mitarbeiter die Ghettobewohner mit Lebensmitteln und Informationen. Die **Adlerapotheke** (Apteka Pod Orłem) am Platz der Ghettohelden und das kleine Museum im gleichen Haus sind unbedingt einen Besuch wert.
plac bohaterów getta 18, www.mhk.pl/branches/eagle-pharmacy, telefon: 12 6565625, geöffnet: mo 10.00-14.00, di-so 09.00-17.00 (jeder 2. di im monat geschlossen), eintritt: 10 zł, straßenbahn: 3, 19, 24, 50 plac bohaterów getta

⑩ Am 13. und 14. März 1943 wurden die letzten Bewohner des Ghettos in Vernichtungslager deportiert oder an Ort und Stelle ermordet. Danach war der einzige Platz im Ghetto, Plac Zgody, menschenleer, aber mit Möbeln und Besitztümern der ehemaligen Bewohner übersät. Nach dem Krieg wurde der Platz der Freiheit (Plac Zgody) in **Platz der Ghettohelden** (Plac Bohaterów Getta) umbenannt. Als Erinnerung an die Deportation stehen heute 70 leere Bronzestühle auf dem Platz, ein Sinnbild für die gespenstische Leere des Ortes nach dem 14. März 1943.
plac bohaterów getta, straßenbahn: 3, 19, 24, 50 plac bohaterów getta

⑪ Die Ausstellung des Museums **Cricoteka** ist dem berühmten polnischen Künstler und Theaterregisseur Tadeusz Kantor gewidmet. Gezeigt werden abstrakte Kunst und spektakuläre Requisiten. Bereits das Gebäude, in dem sich das Museum befindet, ist sehenswert: ein ehemaliges Kraftwerk am Flussufer, dem ein riesiges rostfarbenes Bauwerk übergestülpt wurde. Entworfen haben es der Architekt Stanisław Denko und Moon Studio. Eyecatcher im Innenraum: die Spiegeldecke.
nadwiślańska 2, www.cricoteka.pl, telefon: 12 4427770, geöffnet: di-so 11.00-19.00, eintritt: 10 zł, straßenbahn: 6, 8, 10, 13 korona

⑮ Zu Zeiten des Ghettos diente das ehemalige Finanzamt in der Ulica **Jozefinska 14** als provisorisches Krankenhaus für die Ghetto-Bewohner. Die Umstände im Lager waren so verheerend, dass das Krankenhaus im Nu überfüllt war und sich die Patienten die 120 Betten teilweise sogar zu mehreren teilen mussten. Bei der Auflösung des Ghettos im März 1943 wurden Patienten wie Personal im Innenhof exekutiert. Eine Gedenktafel erinnert daran.
jozefinska 14, straßenbahn: 6, 13, 23 limanowskiego

⑯ Bis 1915 war Podgórze eine eigenständige Gemeinde mit einem eigenen Gemeinderat, der in einem prachtvollen Haus am früheren Marktplatz tagte. Während des Zweiten Weltkrieges war hier der Judenrat untergebracht, jener Rat, der die Befehle der SS auszuführen hatte. Auf der linken Seite des **Rathauses von Podgórze** befand sich das Tor zum Ghetto.
rynek podgórski 1, straßenbahn: 6, 13, 23 limanowskiego

⑱ In einer Blütephase von Podgórze als unabhängige Gemeinde war vielen Einwohnern das Kirchlein am Marktplatz ein Dorn im Auge. So entstand zwischen 1905 und 1909 ein deutlich größerer Nachfolgebau im gotischen Stil, die **St.-Josef-Kirche**. Für den 80 Meter hohen Glockenturm des neuen Wahrzeichens von Podgórze war der Turm der Marienkirche in der Krakauer Altstadt Vorbild.
zamojskiego 2, www.jozef.diecezja.pl, telefon: 12 6561756, geöffnet: nur während der messen, der haupteingang ist immer geöffnet, straßenbahn: 6, 13, 23 limanowskiego

㉛ Für Liebhaber von bemaltem Reispapier, Kalligrafien und moderner Kunst aus Japan ist das **Manggha** ein Muss. Nirgendwo sonst in Europa gibt es ein Museum, das eine Sammlung mit japanischer Kunst, polnisch-japanischer Gegenwartskunst und jahrhundertealten Werken besitzt. Obendrein lockt das Museumscafé mit einer grandiosen Aussicht auf Burg und Fluss.
konopnicka 26, www.manggha.pl, telefon: 12 2672703, geöffnet: di-so 10.00-18.00, eintritt: 15 zł, straßenbahn: 11, 18, 21, 52 centrum kongresowe

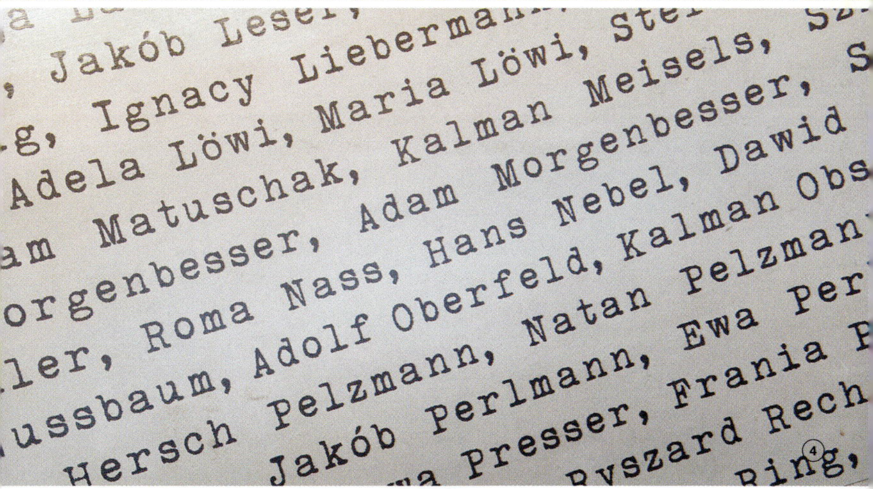
Jakób Lesel,
Ignacy Liebermann
Adela Löwi, Maria Löwi,
Matuschak, Kalman Meisels,
Morgenbesser, Adam Morgenbesser,
Roma Nass, Hans Nebel, Dawid
Adolf Oberfeld, Kalman
Hersch Pelzmann, Natan Pelzman
Jakób Perlmann, Ewa
Presser, Frania
Ryszard Rech
4

6

10

Essen & Trinken

① Das **Coffee Cargo** hat sich dem industriellen Charakter der Umgebung angepasst: Essen und Trinken bestellt man am Verladeplatz in einer Werkshalle, danach setzt man sich einfach irgendwo zwischen Container und Paletten. Bei der Zubereitung des Kaffees ist allerdings keineswegs Fließbandarbeit angesagt, jede Tasse wird liebevoll in Handarbeit bereitet.
przemysłowa 3, fb coffeecargo1, telefon: 60 4576339, geöffnet: di-fr 8.00-18.00 & sa-so 12.00-21.00, preis: 8 zł, straßenbahn: 3, 19, 24, 50 plac bohaterów getta

② Etwas versteckt zwischen alten Lagerhallen im Osten von Podgórze findet man das **Bal**. Mit ein wenig Farbe und viel Geschick wurde diese Halle in ein geräumiges, helles Bistro verwandelt. Durch eines der alten Fenster blickt man auf Kisten mit frischen Zutaten, aus denen köstliche Mittagsgerichte wie etwa Quiche gezaubert werden. Frühstücken kann man hier auch gut.
ślusarska 9, entree vanaf przemysłowa, fb balnazablociu, telefon: 50 2577868, geöffnet: mo-fr 8.30-22.00 & sa-so 9.00-22.00, preis: 12 zł, straßenbahn: 3, 19, 24, 50 plac bohaterów getta

⑬ Wer früher in Podgórze ausgehen wollte, landete fast zwangsläufig im **Drukarnia**. Inzwischen gibt es zwar einige Alternativen, aber die Bewohner des Viertels kommen nach wie vor gerne hierher. Denn Drukarnia ist mehr als nur ein Café. Im gleichen Haus liegen auch eine moderne Cocktailbar und ein Konzertsaal, in dem meistens Jazzmusiker auftreten und gelegentlich auch ein DJ auflegt.
nadwiślańska 1, www.drukarniaclub.pl, telefon: 12 6566560, geöffnet: so-do 09.00-01.00 & fr-sa 09.00-04.00, preis: bier 8 zł, straßenbahn: 6, 8, 10, 13 korona

⑭ Lust auf einen Prosecco, ein gutes Glas Wein, ein Frühstück, ein Mittagessen oder ein Stück hausgemachten Kuchen? Dann sind Sie im **CAWA** richtig. Hier gilt: Genuss pur unter dem wachsamen Auge einer fülligen Mona Lisa – zu viel Kuchen genascht? – und mit schöner Aussicht auf die Fußgängerbrücke zwischen Kazimierz und Podgórze.
nadwiślańska 1/6, www.cawacafe.pl, telefon: 12 6567456, geöffnet: mo-fr 8.30-22.00 & sa-so 9.30-23.00, preis: prosecco 9 zł, straßenbahn: 6, 8, 10, 13 korona

27

cafe
rekawka
24

2

OKOCIM
OKOCIM
13

(22) Kein Club, aber Tanzen ist dennoch erlaubt. Keine Bierbar, aber das Bier, das ausgeschenkt wird, ist ausgezeichnet. So umschreibt das **Punkt Docelowy** seine Eigenart. Mit dem hellen Interieur mit handgefertigten Möbeln und bequemen Sitzsäcken, den großzügigen Öffnungszeiten und dem gemischten Publikum ist das Lokal nur schwer einzuordnen. Auf jeden Fall zeigt sich hier, dass die hippen Krakauer den Weg nach Podgórze durchaus finden.
staromostowa 1, fb punktdocelowy, telefon: 72 7586695, geöffnet: so-do 12.00-01.00 & fr-sa 12.00-4.00, preis: bier 6 zł, straßenbahn: 6, 13, 19, 23 korona

(23) Das Eiscafé **Lody Si Gela** verkauft hausgemachtes Eis, wofür ausschließlich pflanzliche Zutaten verwendet werden. Wer noch etwas mehr Eis möchte, kann im kleinen Supermarkt **Delikatesowo** nebenan auf Entdeckungsreise gehen. Dort finden Sie Geschmacksrichtungen wie Kastanie oder dunkles Bier.
staromostowa 1, www.sigela.pl, telefon: 69 4989567, geöffnet: täglich 11.00-21.00, preis: 2,50 zł, straßenbahn: 6, 13, 19, 23 korona

(24) Das **Cafe Rękawka** entstand im Rahmen einer Initiative, die zum Ziel hatte, Podgórze attraktiver zu machen. Volltreffer, könnte man sagen, denn in den letzten Jahren haben zahlreiche Lokale das Viertel als Standort entdeckt. Keines davon verströmt allerdings so eine gemütliche Atmosphäre wie das Cafe Rękawka. Tipp: Der Kaffee aus selbst gerösteten Bohnen schmeckt großartig.
brodzińskiego 4b, telefon: 12 2962002, geöffnet: mo-fr 09.00-22.00 & sa-so 10.00-22.00, preis: kaffee 5 zł, straßenbahn: 6, 13, 19, 23 korona

(25) Der Name lässt schon vermuten, was bei **Makaronarnia** aufgetischt wird: italienische Speisen, vor allem Nudelgerichte. Achtung: Für den Toilettenbesuch sollten Sie etwas Zeit einplanen.
brodzinskiego 3, www.makaroniarnia.com, telefon: 12 4300147, geöffnet: mo-sa 10.00-22.00 & so 11.00-22.00, preis: 25 zł, straßenbahn: 6, 13, 19, 23 korona

(26) Das **ZaKładka** gehört zu den beliebtesten Bistros im lebhaftesten Teil von Podgórze unweit der Fußgängerbrücke. Wer eine moderne, helle Einrichtung und französische Speisen schätzt, wird sich hier wohlfühlen. Auf der Terrasse kann man den Tag ausklingen lassen – bei einem Glas französischen Wein.
józefińska 2, www.zakladkabistro.pl, telefon: 12 4427442, geöffnet: mo 17.00-23.00, di-do 12.00-23.00, fr-sa 12.00-24.00, so 12.00-22.00, preis: 40 zł, straßenbahn: 6, 13, 19, 23 korona

FORUM PRZESTRZENIE ㉗

㉗ Zu Zeiten des Kommunismus war der graue Betonklotz auf Stelzen eine Nobelherberge für Gäste aus aller Welt. Danach verfiel das Hotel Forum zusehends und stand lange Zeit größtenteils leer. Inzwischen hat die Künstlerszene Krakaus dort Einzug gehalten. Von der Terrasse des geräumigen, hellen Cafés **Forum Przestrzenie** aus hat man einen herrlichen Blick auf den Fluss und die Burg. Für hippe, gut betuchte Krakauer ist die mit Strandstühlen ausgestattete Terrasse ein wunderbarer Ort, um eine Steinofenpizza zu verzehren. *konopnickiej 28, www.forumprzestrzenie.com, telefon: 88 8715905, geöffnet: täglich 10.00-02.00, preis: bier 8 zł, straßenbahn: 11, 18, 21, 52 centrum kongresowe*

⑤ KRAKÓ SLOW WINES

Shoppen

⑤ Polen ist fürwahr kein Weinland. Nur mit Met, dem Honigwein, erlangte das Land bisher ein wenig Bekanntheit. Heute gibt es in diversen Regionen allerdings zaghafte Ansätze, Rebensaft zu erzeugen. In dem kleinen Weinladen **Krakó Slow Wines** kann man einige Ergebnisse verkosten und kaufen. Außer den polnischen Tropfen werden auch bezahlbare Weine aus Georgien und der Ukraine angeboten.
lipowa 6f, krakoslowwines.pl, telefon: 66 9225222, geöffnet: so-mo 10.00-21.00 & di-sa 10.00-22.00, straßenbahn: 3, 19, 24, 50 plac bohaterów getta

⑦ Abseits der verkehrsreichen Straße befindet sich der kleine Laden **Stary Kufer**, eine urige, ruhige Schatzkammer, die bis zur Decke mit Antiquitäten, allerlei Trödel und Nippes aus vergangenen Tagen vollgepackt ist. Berühren ist erlaubt, Sie können auch gerne die Verkäuferin fragen, wenn Sie etwas Spezielles suchen.
limanowskiego 42, www.starykufer.com.pl, telefon: 60 4559487, geöffnet: mo-fr 8.00-16.00 & sa 8.00-14.00, straßenbahn: 6, 13 limanowskiego

⑫ Im Erdgeschoss des Wohnkomplexes an der Ulica Nadwiślańska befindet sich eine Passage mit einigen beliebten Läden wie **Rzeczy Same**. Nicht nur ausgefallene moderne Stühle und Lampen, sondern auch Keramik, Bücher und Spielzeug werden hier verkauft – alles von polnischen Designern und überwiegend aus heimischer Produktion.
nadwiślańska 11, www.rzeczysame.pl, telefon: 78 4506604, geöffnet: mo-fr 11.00-19.00, sa 11.00-16.00, straßenbahn: 6, 8, 10, 13 korona

⑰ Teetassen mit Hahnenfüßen, ausgefallene Pfeffer- und Salzstreuer, eingedellte Kaffeebecher – alle Porzellanprodukte der **Manufaktura Porcelany** sind handgefertigt. In der kleinen Manufaktur kann man die Einzelstücke begutachten und kaufen. Lila und Barbara demonstrieren auch gerne, wie aus Rohstoffen ein besonderes Service entsteht.
węgierska 7-2, www.manufakturaporcelany.pl, telefon: 880 509414, geöffnet: wechselnde öffnungszeiten, straßenbahn: 6, 8, 10, 13 korona

(21) Ein Fachgeschäft für Eier? Aber sicher! Schon seit 1980 gibt es den Hühnerbetrieb **Jaja Królewskie**, "königliches Ei", auch heute noch einer der wenigen mit Freilandhaltung. Die Hühner können überall scharren und schenken den Krakauern dank des Futters aus Möhren, Kürbis und Klee köstliche Eier, die bereits mehrfach ausgezeichnet wurden. Neben Eiern kann man im winzigen Laden Kuchen, Kekse und andere Eierprodukte erstehen.
kalwaryjska 3, www.wolnywybieg.pl, telefon: 69 3972900, geöffnet: mo-fr 7.00-18.00, sa 8.00-14.00, straßenbahn: 6, 13, 19, 23 korona

(28) In der Küche des einstigen Luxushotels Forum wird heute Design für zu Hause angeboten. Im **Forum Designu** stellen Designer und kleine Produzenten ihre Waren aus – von ausgefallenen handgefertigten Lampen bis zu knallbunten Kissen.
konopnickiej 28, fb forumdesignu, telefon: 73 0740025, geöffnet: mo-sa 11.00-20.00 & so 11.00-16.00, straßenbahn: 11, 18, 21, 52, 72 centrum kongresowe

(29) In der Lobby des ehemaligen Hotels Forum haben sich einige Boutiquen wie das **Forum Mody** angesiedelt. Die Wände und die Lüftungsrohre des großen Ladens sind noch wie anno dazumal, was sicher Absicht war, um die Entwürfe junger polnischer Modedesigner noch besser zur Geltung kommen zu lassen. Die Stückzahlen sind limitiert und für Unikate muss man nicht tief in die Tasche greifen.
konopnickiej 28, fb forumody, telefon: 53 0789541, geöffnet: mo-sa 11.00-20.00 & so 11.00-17.00, straßenbahn: 11, 18, 21, 52 centrum kongresowe

BOYS

Podgórze

SPAZIERGANG 3 (ca. 8,5 km)

Vom Startpunkt Zabłocie aus geht es in die Ulica Przemysłowa zu Hausnummer 1 (1). Am Ende der Straße der Rechtskurve folgen und danach gleich links durch das Tor (2). Dann rechts an Lagerhallen vorbei, bis Sie wieder zur Straße gelangen. Links in der Ulica Lipowa finden Sie unter anderem die Fabrik Oskar Schindlers (3) (4) (5). Zurückgehen, der Ulica Lipowa folgen und nach der Bahnunterführung links, am Ende der Straße rechts und dann links in die Ulica Lwowska (6). Sie befinden sich jetzt im einstigen jüdischen Ghetto. Bis zur Ulica Bolesława Limanowskiego weitergehen, diese überqueren und dann rechts abbiegen (7). An der Ampel links (8). Etwa 150 Meter nach der Kreuzung die Straßenseite wechseln und rechts in die Ulica Krakusa. Danach rechts in die Ulica Józefińska und die erste Straße links, um zum Platz der Ghettohelden zu gelangen (9) (10). Links in die Ulica Nadwiślanka (11) (12), bis Sie einen kleinen Platz am Fluss erreichen (13) (14). Links das Gebäude umrunden, dann gleich links und erneut der Ulica Józefińska folgen (15). Rechts in die Ulica Węgierska und wieder rechts in die Ulica Bolesława Limanowskiego. Danach links zum Platz Rynek Podgórski (16) (18) (17). Wer möchte folgt hinter der Kirche der Ulica Parkowa bis ganz oben. Die Fußgängerbrücke über die Autobahn nehmen, um den Grabhügel König Kraks (19) zu besuchen. Zurückgehen oder vor der Kreuzung links in den Park (20) spazieren. Im Park die erste Möglichkeit rechts nehmen und am Ende der Wiese die Steintreppe hinabsteigen, um zum Plac Niepodległosci zu gelangen. Am Ende des Platzes rechts in die Ulica Kalwaryskja (21). Beim dritten Zebrastreifen, in Höhe des Platzes Rynek Podgórski, links die Straße überqueren und in die Ulica Kazimierza Brodzińskiego gehen, um etwas zu trinken oder Eis zu essen (22) (23). An der Kreuzung rechts (24) (25). Zur Fußgängerbrücke über den Fluss hinaufgehen (26). Direkt vor der Brücke links und dem Fußweg hinunter folgen, am Wasser entlang. Dem Weg weiter folgen, bis er wieder nach oben führt. An der Kreuzung rechts die steinerne Brücke überqueren. Sobald der Weg auf den Fluss stößt, führen zwei Fußwege rechts zum ehemaligen Hotel Forum (27) (28) (29). Auf dem Uferweg weitergehen, um mit dem Ballon aufzusteigen (30). Danach zur nächsten Brücke spazieren. Utner der Brücke hindurch und den zweiten Fußweg links hinaufgehen (31). Vorbei an der Bushaltestelle geht es über die Brücke zurück in die Altstadt.

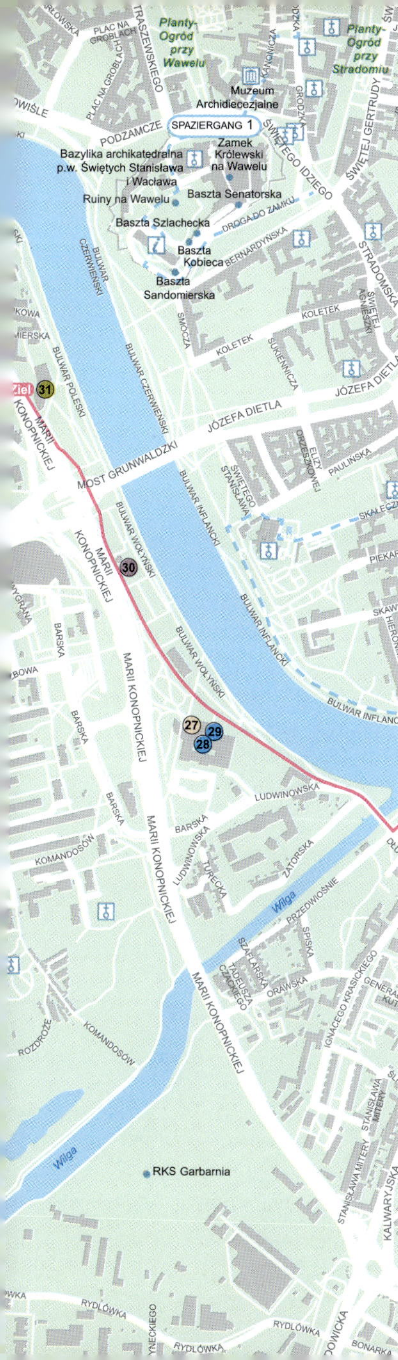

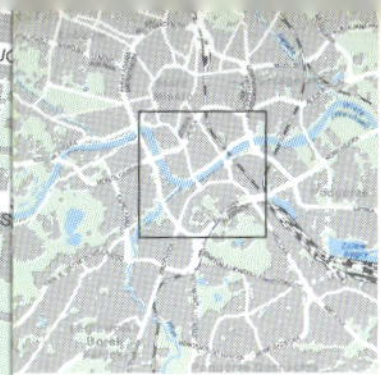

3

1. Coffee Cargo
2. Bal
3. MOCAK
4. Oskar Schindlers Fabrik
5. Krako Slow Wines
6. Ghettomauer
7. Stary Kufer
8. Altenheim
9. Adlerapotheke
10. Platz der Ghettohelden
11. Cricoteka
12. Rzeczy Same
13. Drukarnia
14. CAWA
15. Jozefinska 14
16. Rathaus von Podgórze
17. Manufaktura Porcelany
18. St.-Josef-Kirche
19. Krakus-Hügel
20. Wojciech-Bednarski-Park
21. Jaja Królewskie
22. Punkt Docelowy
23. Lody Si Gela/Delikatesowo
24. Cafe Rękawka
25. Makaronarnia
26. ZaKładka
27. Forum Przestrzenie
28. FORUM Designu
29. Forum Mody
30. Balon Widokowy
31. Manggha

TAUSIK
RAPHAELA
SARA
II. BLUMAUERGASSE 10/9

Auschwitz-Birkenau

Erschütternd und beeindruckend zugleich ist ein Besuch im ehemaligen Konzentrations- und Vernichtungslager **Auschwitz-Birkenau**, etwa 70 Kilometer von Krakau entfernt. Hier ermordeten die Nazis zwischen 1940 und 1945 über eine Million Menschen, vor allem Juden, aber auch zahlreiche Polen, Roma und Kriegsgefangene. Nach dem Krieg wurde Auschwitz zum Synonym für den Holocaust und zum bedeutendsten Mahnmal jener Zeit. Das Lager stellt heute ein Museum dar, das jedes Jahr für Abertausende von Menschen aus aller Welt ein guter Grund ist, um nach Krakau zu reisen.

Auschwitz besteht aus zwei Bereichen: Auschwitz I, dem ältesten Teil des Lagers mit dem Tor und dem zynischen Spruch "Arbeit macht frei", und Auschwitz II-Birkenau, etwa drei Kilometer entfernt, das schon durch seine Größe beklemmend ist. Wer ein genaues Bild vom einstigen KZ und den Umständen dort bekommen möchte, sollte beide Lagerteile besuchen. Busse pendeln stündlich zwischen beiden Bereichen hin und her.

Es gibt diverse Möglichkeiten, von Krakau nach Auschwitz zu gelangen. Die einfachste ist, sich einer organisierten Tour anzuschließen, die viele Hotels und Organisationen wie Cracow Tours oder Cracow City Trips anbieten. Natürlich können Sie auch auf eigene Faust dorthin fahren, dann haben Sie etwas mehr Zeit für den Museumsbesuch. In dem Fall empfiehlt es sich, vorab über die Website des Museums eine Führung oder einen Audioguide zu reservieren. Vom Hauptbahnhof fahren Busse und Züge zur Ortschaft Oświęcim (Auschwitz). Die Busse halten direkt vor dem Eingang des Museums, die Züge am Bahnhof in etwa zwei Kilometer Entfernung zum Museum.

Ein Auschwitz-Besuch hinterlässt bei den meisten Menschen Eindrücke, die sich oft nicht so schnell abschütteln lassen. Viele Besucher brauchen einige Zeit, um die grauenvollen Bilder zu verarbeiten. Deshalb ist es vielleicht sinnvoll, das einstige Vernichtungslager erst am Ende der Krakau-Reise zu besuchen.

wieźniów oświęcimia 20, 32-603 oświęcim, en.auschwitz.org, telefon: 33 8448099, geöffnet: täglich dez.-febr. 8.00-15.00, märz & nov. 8.00-16.00, apr. & okt. 8.00-17.00, mai & sept. 8.00-18.00, juni-aug. 8.00-19.00, eintritt: frei, guides gegen gebühr

Ⓐ SALZBERGWERK IN WIELICZKA

Noch Zeit übrig?

EXTRA TIPPS

Wenn Sie den im Guide beschriebenen Spaziergängen folgen, kommen Sie an zahlreichen Sehenswürdigkeiten vorbei. Es gibt aber noch einiges zu sehen, das nicht in die Spaziergänge aufgenommen werden konnte. Unten finden Sie eine kurze Aufstellung. Manches davon befindet sich nicht in Laufweite des Zentrums. Mit öffentlichen Verkehrsmitteln sind aber alle Orte gut erreichbar. Die Buchstaben der Sehenswürdigkeiten finden Sie vorne in der Übersichtskarte wieder.

(A) Etwas südöstlich von Krakau liegt **Wieliczka**, eine Ortschaft, die oberflächlich betrachtet eher verschlafen wirkt. Die wahre Attraktion befindet sich unter der Erde – das **Salzbergwerk**. Bereits seit dem 11. Jahrhundert förderte man hier das weiße Gold ans Tageslicht, aber nach einem Wassereinbruch wurde das Bergwerk 1992 stillgelegt. Zurück blieb ein gigantisches unterirdisches Netz aus Gängen mit einer Gesamtlänge von über 300 Kilometern. In geführten Gruppen (Führung auch in deutscher Sprache) geht es über 100 Meter in die Tiefe, wo imposante Höhlen, Seen und aus Salz gefertigte Skulpturen warten. Der absolute Höhepunkt: eine gigantische, von Grubenarbeitern aus dem Salz gehauene Kathedrale.
daniłowicza 10 wieliczka, www.wieliczka-saltmine.com, telefon: 12 2787302, geöffnet: täglich apr.-okt. 7.30-19.30 & nov.-märz 8.00-17.00, eintritt inkl. führung: 79 zł, bus: 304 oder minibusse: ab bahnhof

(B) Zwischen 1945 und 1989 war Polen ein kommunistisches Land. Zeugen jener Zeit gibt es noch zahlreiche, zum Beispiel **Nowa Huta** ("Neue Hütte") am Stadtrand von Krakau. Gleich nach dem Krieg als Arbeiterstadt entstanden, kam das Viertel den kommunistischen Idealvorstellungen schon sehr nahe: breite Alleen für Militärparaden, endlose Wohnblocks für die Arbeiter und eine gigantische Eisenhütte. Die Atmosphäre, die hier damals herrschte, kann man am besten im Rahmen einer geführten Tour erspüren – in einem alten Trabant.
krakusów 1a/31, www.crazyguides.com, telefon: 50 0091200, führung: 140 zł, straßenbahn: 4, 10, 16, 21, 22 plac centralny im. r. reagana

Ⓒ Ein echter Geheimtipp für Krakau-Besucher: Grillwürstchen vom **Kiełbaski z Niebieskiej Nyski**, dem blauen Bus. Tagsüber sucht man ihn vergeblich, erst gegen 20 Uhr taucht der alte Bus mit den beiden männlichen Insassen auf. Geparkt wird auf dem Gehsteig, dann wird ein Feuer entfacht, über dem die Herren bis frühmorgens Würstchen, *kiełbasa*, grillen. Alle hausgemacht nach traditioneller Rezeptur und gegrillt über speziellem Holz, das den Würstchen den besonderen rauchigen und würzigen Geschmack verleiht.
hala targowa, geöffnet: mo-sa 20.00-3.00, preis: 9 zł, straßenbahn: 1, 9, 11, 22, 50 hala targowa

Ⓓ Wer etwas länger in Polen bzw. Krakau verweilt und Berge mag, sollte einen Ausflug in die **Hohe Tatra** planen. Das höchste Gebirge Polens liegt etwa 100 Kilometer südlich von Krakau entfernt und bildet die Grenzregion zur Slowakei. Idealer Startpunkt ist Zakopane. Das Zentrum des berühmten Wintersportorts ist sehr touristisch, hat aber auch ein gewisses Flair. Die Berge sind mit gut gepflegten Wanderwegen und Skipisten geradezu übersät und somit kann man sommers wie winters herrliche Tagestouren unternehmen. Zum Gipfel Kasprowy Wierch geht es am schnellsten mit der Seilbahn. Vermeiden Sie lange Wartezeiten vor Ort und kaufen Sie die benötigten Tickets im Voraus – am besten online über *b2c.pkl.pl.*
zakopane, www.zakopane.eu, www.tanap.org, regionalbus (pks): ab krakau hauptbahnhof(15 zł p. p.), busse von www.szwagropol.pl sind schneller

Ⓔ Der renommierte Krakowski Ogród Zoologiczny, **Zoo von Krakau**, wurde 1929 eröffnet und ist europaweit bekannt. In dem baumreichen Park in bester Stadtrandlage sind etwa 1500 Tiere zu sehen, zum Beispiel seltene Schneeleoparden oder Zwergnilpferde.
kasy oszczędności 14, www.zoo-krakow.pl, telefon: 12 4253551, geöffnet: täglich ab 9.00 (kasse schließt um 16.00), eintritt: 18 zł, bus: 134 zoo

KIEŁBASKI Z NIEBIESKIEJ NYSKI Ⓒ

Ⓕ Mit Dutzenden Höhlen, tiefen Schluchten, dichten Wäldern und Burgruinen auf steilen Felsen könnte der **Nationalpark Ojców** auch prima als Kulisse für einen Märchenfilm dienen. Der kleinste Nationalpark Polens, weniger als 20 Kilometer nördlich von Krakau entfernt, ist ideal für einen ereignisreichen Ausflug entweder zu Fuß, mit dem Fahrrad, auf dem Rücken eines Pferdes oder in einem Pferdeschlitten.
ojców, 32-045 sułoszowa, www.ojcowskiparknarodowy.pl, telefon: 12 4190801, geöffnet: siehe website, eintritt: frei, für einige burgen und höhlen ab 4 zł, unibus: ab ogrodowa 6, unweit des bahnhofs

Ⓖ Das **Konfederacka 4** wird allgemein als Weinbar angesehen. Nicht falsch angesichts des großen Weinsortiments, aber auch nicht ganz richtig. Denn außer Wein werden auch köstliche Gerichte aus lokalen Zutaten serviert. Und das Frühstück kann sich ebenfalls sehen lassen. Weitere Pluspunkte: die gemütliche helle Einrichtung und eine schmusebedürftige Hauskatze. Kurz: Das Konfederacka 4 ist immer einen Besuch wert.
konfederacka 4, dębniki, fb konfederacka4, telefon: 53 5106004, geöffnet: täglich 10.00-22.00, eintritt: frei, straßenbahn: 18, 22, 52, 62 centrum kongresowe

Ⓗ Mit Kids in Krakau? Dann sollten Sie unbedingt den **Park Wodny** aufsuchen – mit 2000 Quadratmetern Wasserfläche und Wasserrutschen in einer Gesamtlänge von 800 Metern das größte Wasserparadies Polens. Außerdem gibt es hier ein Wellenbad, Saunen, Wasserspeier und noch vieles mehr.
dobrego pasterza 126, www.parkwodny.pl, telefon: 12 6163190, geöffnet: täglich 8.00-22.00, eintritt: 22 zł/std., bus: 125, 128, 129, 138 park wodny

Ⓘ Das **Nationalmuseum** (Muzeum Narodowe) hat in Krakau nicht weniger als elf Dependancen. Das Haupthaus befindet sich in einem Betonklotz etwas außerhalb des Zentrums, wo die Bebauung aufhört und die weiten Wiesen der Błonia beginnen. Das Museum präsentiert zahlreiche Gemälde polnischer Meister und eine enorme Militariasammlung. Interessant, gerade an einem regnerischen Tag.
aleja 3 maja 1, mnk.pl/oddzial/gmach-glowny, telefon: 12 4335500, geöffnet: di-sa 10.00-18.00 & so 10.00-16.00, eintritt: 11 zł, bus: 124, 152, 304 cracovia

BISTRO
KRAKOWSKIE
CAFE
Breakfasts Lunches Suppers

Übernachten

TOLLE HOTELS IN UNSEREN LIEBLINGSSTADTTEILEN

Ein bequemes Bett, ein leckeres Frühstück und eine schöne Einrichtung machen ein gutes Hotel aus. Aber mindestens genauso wichtig ist die Lage eines Hotels. Denn der Aufenthalt wird erst richtig perfekt, wenn man von der Lobby direkt in ein lebendiges Stadtviertel eintauchen kann.

Auf **www.100travel.de** finden Sie eine Übersicht über emfehlenswerte Hotels für jedes Budget. Und natürlich können Sie Ihr Hotel auch direkt über unsere Webseite buchen.

FINDEN UND BUCHEN SIE IHR HOTEL AUF WWW.100TRAVEL.DE

Index

Impressum

Dieser 100% Cityguide wurde mit größter Sorgfalt zusammengestellt. Der mo media Verlag ist nicht verantwortlich für eventuelle inhaltliche Fehler. Anmerkungen oder Kommentare können Sie gerne an **mo media, Elisabethkirchstraße 17, 10115 Berlin** oder per Mail an **info@momedia.com** richten.

autor
Dennis de Vries
fotografie
Marjolein den Hartog
übersetzung
bookwerk Köln/München
lektorat
Caroline Kazianka (für bookwerk)
schlussredaktion
Annette Steger
konzeptgestaltung
Studio 100%
gestaltung & lithografie
Mastercolors Mediafactory
kartografie
Van Oort Redactie en Kartografie

100% Krakau
ISBN 978-3-95831-017-9

© mo media GmbH, Berlin, September 2015

Alle Rechte vorbehalten. Kein Teil dieser Ausgabe darf ohne vorherige schriftliche Einwilligung des Verlages in irgendeiner Form reproduziert oder unter Verwendung elektronischer Systeme verarbeitet, vervielfältigt oder verbreitet werden.

100% CITYGUIDES

100% TRAVELGUIDES

Ausführliche Informationen zum 100% Programm finden Sie auch auf unserer Homepage unter **www.100travel.de**

Notizen

Folgen Sie uns auf und teilen Sie Ihre eigenen 100% Tipps!
Mehr zu 100% unter: **www.100travel.de**